UNA HISTORIA TERRIBLEMENTE MORTAL

Escrito por Clive Gifford
Ilustraciones de Andrew Pinder

Editado por Elizabeth Scoggins, Hannah Cohen
y Nicola Baxter
Diseño de Barbara Ward y Zoe Bradley

UNA HISTORIA TERRIBLEMENTE MORTAL

CLIVE GIFFORD

S
x

Montena

Una historia terriblemente mortal

Título original: *Dreadfully Deadly History*

Primera edición: octubre de 2015

© 2012, Buster Books

Publicado por acuerdo con Buster Books, un sello de Michael O'Mara Books Limited

© 2015, de la presente edición en castellano para todo el mundo:

Penguin Random House Grupo Editorial, S.A. de C.V.

Blvd. Miguel de Cervantes Saavedra núm. 301,1er piso,

colonia Granada, delegación Miguel Hidalgo, C.P.11520,

México, D.F.

www.megustaleer.com.mx

D. R. © 2015, Rosalba Michaca, por la traducción

ISBN: 978-607-31-3566-5

Impreso en México por Litográfica Ingramex, S.A. de C.V.

Impreso en México – *Printed in Mexico*

El papel utilizado para la impresión de este libro ha sido fabricado a partir de madera procedente de bosques y plantaciones gestionadas con los más altos estándares ambientales, garantizando una explotación de los recursos sostenible con el medio ambiente y beneficiosa para las personas.

Penguin
Random House
Grupo Editorial

CONTENIDO

ENTRA BAJO TU PROPIO RIESGO...

¡Bienvenido a la colección más sangrienta, asquerosa y macabra de datos de muerte, fatalidad y destrucción!

Desde momias y asesinatos, accidentes y autopsias, hasta sangre, huesos y partes humanas, este extraordinario libro sobre la muerte lo tiene todo, pero te advertimos que no es para miedosos.

Hay cientos de datos e historias inquietantes para asustar a tus amigos, y también cosas increíbles que puedes hacer. Si encuentras alguna palabra que no entiendas, revisa las "Definiciones terriblemente mortales" en la página 204.

¿Tienes el valor para descubrir las partes más mortíferas de la historia? Lee este libro, si te atreves...

OCHO MUSEOS MALSANOS

Si te encuentras en un día lluvioso sin nada extraño que hacer, checa uno de estos monstruosos museos.

1. Museo de Carrozas Fúnebres; Barcelona, España.

2. Museo de la Tortura; Ámsterdam, Holanda.

3. Museo Nacional de Historia Funeraria; Houston, Texas, EE. UU.

4. Museo de la Muerte; Hollywood, California, EE. UU.

5. Museo de las Momias de Guanajuato; México.

6. Museo de la Tortura Medieval; San Gimignano, Italia.

7. El Calabozo de Londres; Inglaterra.

8. Museo de los Sepultureros de Viena; Austria.

RITOS ROMANOS ANTIGUOS

En la antigua Roma, cuando alguien moría, se realizaban varios rituales antes de que se llevaran el cuerpo para enterrarlo o cremarlo.

1. Un miembro de la familia, usualmente el hijo mayor, llevaba a cabo la *conclamatio*, es decir, se inclinaba hacia el cuerpo y llamaba a la persona por su nombre para asegurarse de que estuviera realmente muerta.

2. Entonces, le cerraban los ojos al difunto.

3. Lavaban el cuerpo con agua tibia y le enderezaban las piernas y los brazos.

4. Si el difunto tenía un puesto importante en el Imperio Romano, se tomaba una impresión en cera de su rostro para poder hacer una escultura posteriormente.

5. Vestían el cuerpo con una toga y lo colocaban en un sillón funerario con flores alrededor.

6. Para hacer saber a los transeúntes que alguien había muerto, afuera de la entrada se encajaban en la tierra ramas de pino de montaña o de ciprés.

7. En algunos casos, se colocaba una moneda con el cuerpo, por lo general en la boca; ésta era para pagarle a Caronte, el barquero, quien transportaba a los muertos a través del río Estigia hacia el Hades, el Inframundo.

DECEPCIÓN DE MUERTE

En 1911, el temerario Bobby Leach navegó las gigantescas cataratas del Niágara en Estados Unidos en un barril, y sobrevivió.

Llevó a cabo muchas otras hazañas.

Sin embargo, en 1926, murió tras resbalarse con un pedazo de cáscara de naranja.

CON LOS PIES POR DELANTE

En el siglo XIX, en Europa y América, cargaban a las personas muertas y las sacaban de sus casas con los pies por delante. Esto era para evitar que el espíritu del muerto volteara hacia la casa y llamara a otro miembro de la familia para que se fuera con él.

Las fotografías o pinturas de los familiares se colocaban boca abajo o se cubrían, así el muerto no podía poseerlos.

ASESINATO
MISTERIOSO #1

Bella en el Olmo de las Brujas

En abril de 1943, cuatro niños que jugaban en el Bosque Hagley en Worcestershire, Inglaterra, hicieron un macabro descubrimiento en el interior de un olmo: el cuerpo sin vida de una mujer.

Científicos y policías examinaron los restos, pero no pudieron averiguar quién era. Pronto se le dio el apodo de "Belladona". Hasta hoy, hay rumores de que era una bruja o fue asesinada por brujas, o de que se topó con una red de espías alemanes. Nadie sabe, pero ocho meses después del hallazgo de su cuerpo, empezaron a encontrarse extraños mensajes en la localidad, garabateados por todos lados con la pregunta: "¿Quién puso a Bella en el olmo?".

HAZ UNA MOMIA EN OCHO SIMPLES PASOS

A lo largo de la historia, la gente ha tenido diferentes ideas respecto a los cuerpos de las personas muertas. Un método muy popular en el antiguo Egipto era momificar a los amigos o parientes muertos, para mantenerlos frescos como lechugas por toda la eternidad. He aquí cómo lo hacían:

1. Primero, tienes que alistar el cuerpo para "embalsamarlo", es decir, preservar la carne para que no se pudra. Necesitarás un gancho largo, un cuchillo, un poco de sal llamada natrón, unos vasos "canopos" para guardar las partes del cuerpo, ¡y un estómago fuerte!

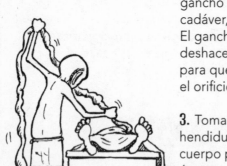

2. Empieza por empujar el gancho por la nariz del cadáver, hacia el cerebro. El gancho debe ayudarte a deshacer la materia cerebral para que puedas sacarla por el orificio nasal.

3. Toma el cuchillo y haz una hendidura en un lado del cuerpo para llegar a los órganos.

4. Saca los pulmones, el hígado y los intestinos, pero deja el corazón (los egipcios creían que los muertos podrían necesitarlo después). Usa la sal de natrón para secar los órganos y guardar cada uno en un vaso canopo.

Amuleto, de gato

5. Coloca sal de natrón dentro y alrededor del cuerpo, y déjalo secar por 40 días.

6. Mientras esperas, puedes aprovechar el tiempo para escoger algunos amuletos para envolver con el cuerpo.

7. Una vez que el cuerpo está seco y libre de olores, necesitas rellenarlo con lino, aserrín, hierbas, especias y más sal de natrón; luego cose la abertura.

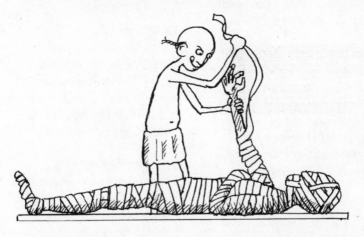

8. ¡A envolver! Cubre completamente el cuerpo con vendas. Necesitarás usar varias capas; coloca un amuleto entre cada capa.

Ahora el cuerpo está listo para colocarse en una tumba.

MOLESTAS MOMIAS DE PANTANO

Algunos pantanos (sitios húmedos y cenagosos) de los lugares fríos del norte de Europa son excelentes para preservar cadáveres: no hay oxígeno que contribuya a que el cuerpo se pudra, y sí hay acidez, que ayuda a que el cuerpo se "encurta" y se conserve.

El hombre de Tollund

Esta momia de pantano de 2 400 años de edad está tan bien conservada que pueden verse todos sus rasgos faciales. Los expertos piensan que murió en la horca, ya que aún tenía una soga alrededor del cuello cuando la descubrieron en Dinamarca en 1950.

La niña de Yde

Otra víctima de asesinato, esta momia de pantano de 2 200 años de edad fue encontrada en Holanda. Fue estrangulada y apuñalada cuando era adolescente.

El hombre de Clonycavan

Encontrada en Irlanda en 2003, esta momia fue examinada por expertos de la policía irlandesa. Parece que este hombre fue asesinado con un hacha, hace 2 300 años.

La mujer de Koelbjerg

Es la momia de pantano más antigua que se conoce. Murió hace unos 10 000 años, cuando tenía sólo 20 o 25 años de edad. Su cuerpo quedó yaciendo en el agua, así que no se momificó, pero después el pantano conservó sus huesos.

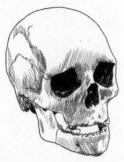

TERROR DE TORRE

Si estuvieras encerrado en la Torre de Londres, en Inglaterra, en la época de los Tudor, tendrías motivos para estar aterrado. El rey o la reina sólo enviaban allí a un reducido número de prisioneros importantes, de los cuales algunos nunca salieron vivos. Durante el reinado de Enrique VIII, fueron ejecutados 69 prisioneros de la torre.

CADÁVERES DE COMPAÑÍA

Los antiguos egipcios querían tanto a sus mascotas que algunos momificaban a sus gatos, perros y monos, y los enterraban en sus propias tumbas.

De hecho, muchos animales eran sagrados para los egipcios. Algunos animales momificados que han descubierto los arqueólogos incluyen…

… un perro	… un cocodrilo
… un hipopótamo	… una lagartija
… un halcón	… un pez
… una gacela	… un escarabajo
… un ibis (ave)	… un antílope

LA REINA QUE PERDIÓ LA CABEZA

María Antonieta no era una reina sencilla. Llegó a Francia a la edad de 14 años y se casó con el futuro rey.

Tan sólo unos años después, su esposo se convirtió en el rey Luis XVI, y María Antonieta en reina. No muy feliz con Luis, se distraía con las actividades más frívolas y costosas que encontraba. Desafortunadamente, esto no fue bien recibido por el pueblo que, en primer lugar, no apreciaba a la joven reina.

Mucha gente en Francia era extremadamente pobre, y a María Antonieta se le conoció como Madame Déficit, lo que significaba que la culpaban por las deudas del país.

En 1789 estalló la revolución. La gente exigía que se acabara la monarquía, y la familia real fue encarcelada. Tras un desastroso intento de fuga, Luis fue enjuiciado y decapitado en 1793.

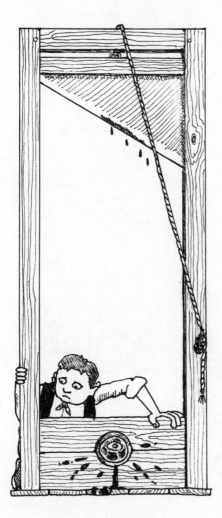

María Antonieta llegó a la guillotina más tarde ese mismo año, y se dice que se disculpó por pisarle el pie al ejecutor.

LA GUILLOTINA

La guillotina fue usada en Francia por primera vez en 1792. La idea era que todos los ejecutados murieran de la misma manera, sin importar cuán ricos o pobres fueran. Se usó por última vez en 1977, antes de que se prohibiera la pena de muerte en Francia.

CÓMO PROBAR A UNA BRUJA

En tiempos medievales, cualquier mujer que viviera sola y tuviera un huerto causaba sospechas de ser bruja. Si tenía una verruga o lunar desagradable, estaba en graves problemas. Éstos son algunos de los métodos que usaban para dictaminar si alguien era bruja:

A pinchar la carne
Se pinchaba con una aguja la verruga o lunar de aspecto sospechoso; si salía sangre, la "bruja" era inocente.

El peso de la justicia
Se comparaba el peso de la mujer acusada con el de una Biblia; si la mujer pesaba más, con seguridad era maligna.

Chapuzón
Se ataba a la "bruja" a un artefacto llamado silla sumergible, y luego se lanzaba al agua. Si flotaba, era culpable; si se ahogaba, era inocente (¡pero muerta!).

En cualquier caso, si la mujer era encontrada culpable, la quemaban.

HAZ TU PROPIO AROMATIZANTE

En la Edad Media, toda la gente era bastante apestosa incluso antes de contraer enfermedades. En la época de la peste (enfermedad epidémica), los cadáveres se apilaban, así que sus tufos se agregaban al mal olor general. Pero podías comprar una naranja (en aquellos días no podías tan sólo ir al supermercado por una bolsa), un "aromatizante" de dulce aroma que ayudaba a alejar la pestilencia. He aquí cómo hacer uno.

Necesitarás:

• 20-25 g de clavos de olor • 1 cucharada de canela, 1 de nuez moscada y 1 de clavos molidos • 4 gotas de aceite natural de sándalo (conservador natural) • 1 naranja • cinta adhesiva • 1 palillo • listones para colgar • 1 bolsa de papel

1. Mezcla las especias y el aceite en un tazón; reserva.

2. Envuelve la naranja con cinta adhesiva de forma entrecruzada para marcar el lugar del listón.

3. Agujera la naranja con el palillo, cerca de la cinta; pon un clavo de olor en el orificio.

4. Agrega más clavos, tan juntos como puedas, hasta que todas las secciones estén cubiertas.

5. Coloca la mezcla de especias en una bolsa de papel; retira la cinta y mete la naranja en la bolsa. Mueve la naranja sobre las especias hasta que esté completamente cubierta.

6. Ahora deja la naranja, dentro de la bolsa, en un lugar fresco y oscuro por varias semanas. Una vez al día, agita ligeramente la bolsa.

7. Una vez seca, saca la naranja de la bolsa y sacude cualquier especia suelta. Ata dos piezas de listón alrededor, haciendo un nudo en la parte superior.

Ahora podrás defenderte de cualquier plaguilla desagradable y de olores letales, o, si lo prefieres, podrás usarlo como decoración navideña.

30 000 DÓLARES

El féretro más caro del mundo producido en la actualidad cuesta la enorme cantidad de 30 000 dólares. Está hecho de bronce, bañado en oro de 14 quilates y forrado con terciopelo azul. El cantante James Brown y la leyenda del pop Michael Jackson fueron enterrados en un ataúd como éste.

DEMASIADO BUENO PARA ENTERRARLO.

CAJA TÓXICA

La hermosa, pero muy letal, cubomedusa (también llamada avispa de mar) tiene hasta 60 tentáculos, cada uno cubierto por unas 5 000 células punzantes llamadas nematocistos. El veneno que contienen es mortal; menos de tres gramos serían suficientes para matar a 60 humanos. Desde que se creó su expediente en la década de los cincuenta del siglo xx, se han reportado unas 5 500 muertes por piquetes de cubomedusas.

ANIMALES ASOCIADOS CON LA MUERTE

LA GUERRA CIVIL ESTADOUNIDENSE

La Guerra Civil Estadounidense (1861-1865) es la más mortífera que haya tenido lugar en Norteamérica. Lucharon dos bandos, conocidos como la Confederación y la Unión. Ahora se cree que murieron unas 750 000 personas durante el conflicto, ¡pero no necesariamente porque se hayan matado unas a otras!

Se dice que tres de cada cinco muertes del lado de la Unión fueron por enfermedad y no por heridas de batalla.

De acuerdo con los registros oficiales, 64 soldados de la Unión fueron ejecutados por las fuerzas confederadas tras ser capturados. Pero el sol representaba un riesgo mayor: 313 soldados de la Unión murieron de insolación durante la guerra.

¡PRONTO, HOMBRES, SAQUEN EL BLOQUEADOR!

TRES ENORMES ERUPCIONES EXPLOSIVAS

Monte Tambora, Indonesia, 1815
Número de víctimas: *más de 92 000 personas.*
Diez mil murieron por la explosión, que alcanzó unos
1 000 m desde la cima. Se lanzó tanta ceniza a la atmósfera
que 1816 fue el año más frío en siglos en todo el planeta.
Se perdieron cosechas, escaseó la comida y murieron
miles de personas más.

Monte Pelée, Antillas, 1902
Número de víctimas: *cerca de 40 000 personas.*
La erupción destruyó toda la ciudad de St. Pierre, así
como las embarcaciones ancladas en el puerto
y las que navegaban cerca.

Volcán Krakatoa, Indonesia, 1883
Número de víctimas: *alrededor de
36 000 personas.*
La erupción destruyó más de la
mitad de la isla de Krakatoa, y pudo
escucharse en Australia, a más de
3 000 km.

NIEBLA FATAL

En el verano de 1952, el "smog", una mezcla de niebla y químicos dañinos de las chimeneas de carbón y del tráfico, descendió sobre las calles de Londres, Inglaterra. Era tan densa que el tránsito tuvo que detenerse y, durante los días siguientes, al menos 4 000 personas murieron en accidentes o por respirar los vapores venenosos.

AUTOPSIAS HORRENDAS

Una autopsia, también conocida como examen post mórtem, es la investigación de un cuerpo que lleva a cabo un "patólogo": un médico experto en descubrir cómo murió alguien.

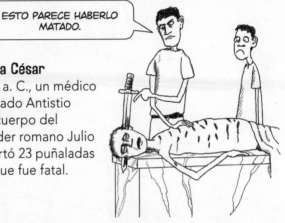

ESTO PARECE HABERLO MATADO.

Vengo a ver a César
En el año 44 a. C., un médico romano llamado Antistio examinó el cuerpo del asesinado líder romano Julio César. Reportó 23 puñaladas y señaló la que fue fatal.

Quita-Pon
El rey Carlos I de Inglaterra fue decapitado en 1649 y luego le cosieron la cabeza antes de enterrarlo.

En 1813, sir Henry Halford, el cirujano real, le practicó una autopsia. Una vez más, el desafortunado rey perdió parte de su anatomía, pues Halford conservó la cuarta vértebra (parte de su columna vertebral) y le gustaba asustar a sus invitados con eso.

En la nuca

Doce días después del asesinato del presidente estadounidense Abraham Lincoln, John Wilkes Booth recibió un disparo en la nuca y murió. Durante la autopsia, tuvieron que removerse tres vértebras de su cuello para alcanzar la bala.

Ahora esos huesos se encuentran exhibidos en el Museo Nacional de Salud y Medicina en Washington, D. C. Una varilla muestra la trayectoria de la bala a través de los huesos… por si te interesa.

¡FASCINANTE!

DIEZ TORTURAS TERRIBLES

La tortura se ha usado a lo largo de la historia para forzar a la gente a decir cosas que no quiere, o simplemente para castigarla. Las siguientes terribles torturas solían terminar en la muerte. Las desafortunadas víctimas podían ser…

… cubiertas con miel y dejadas como comida para los insectos.

… estiradas sobre un instrumento de tortura llamado potro hasta dislocar sus articulaciones.

… atadas a una rueda grande y golpeadas hasta la muerte.

… colocadas dentro de una "doncella de hierro": un traje metálico lleno de cuchillas.

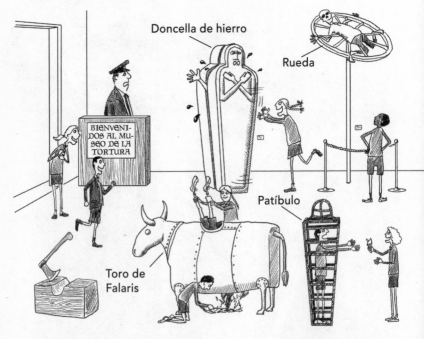

Doncella de hierro

Rueda

BIENVENI-DOS AL MUSEO DE LA TORTURA

Patíbulo

Toro de Falaris

… cocidas dentro de un recipiente de metal en forma de un animal: el toro de Falaris.

… sentadas con dos picos de madera conocidos como el separador de rodilla, que se apretaba lentamente alrededor de ésta (puedes adivinar lo que pasaba).

… colgadas (para luego dejarlas pudrirse en una jaula de hierro).

… azotadas con un látigo con picos de metal.

… colocadas en una trituradora de cráneo, que apretaba la cabeza hasta romper los dientes y aplastar los sesos.

… atadas sobre brotes de bambú, que crecían lenta y dolorosamente a través del cuerpo.

MODA PARA MORIRSE

Todos sabemos que la moda puede ser tanto una tontería como una diversión, pero ¿sabías que también puede ser fatal?

Cruel corsé

En el siglo XIX y principios del XX, las mujeres en Europa y Estados Unidos querían la cintura tan pequeña como fuera posible. Las enlazaban con fuerza temible en corsés reforzados con huesos de ballena. Los órganos internos quedaban fuertemente apretados y apenas podían respirar; una combinación amenazante para la vida.

Joseph Hennella era un actor que fingía ser mujer. Se convirtió en una verdadera víctima de la moda cuando se desmayó en el escenario en San Luis, Estados Unidos, en 1912. Su corsé tan apretado le causó una falla respiratoria y murió dos horas más tarde.

Moda en llamas

Las damas del siglo XIX a menudo usaban amplias faldas llamadas crinolinas. Los gigantescos aros que llevaban debajo hacían las faldas enormes, pero también aumentaban el riesgo de incendio. Frances Appleton, la esposa de un famoso poeta estadounidense llamado Henry Wadsworth Longfellow, se quemó viva cuando se incendió su falda con crinolina en 1861.

MMMH... ¿QUÉ COCINAN QUE HUELE TAN DELICIOSO?

Desastre a la puerta

En 1863, un incendio en una iglesia grande en Santiago de Chile se convirtió en desastre cuando las mujeres con crinolinas no pudieron salir lo suficientemente rápido. Sus enormes faldas bloquearon las puertas, causando la muerte de entre 2 000 y 3 000 personas.

LA CARA DE LA MUERTE

Como plomo

La palidez no podía fallar en el pasado; por varios siglos, las damas de alta alcurnia cubrieron sus caras con un maquillaje blanco llamado cerusa. Esto era una mezcla nociva de plomo blanco y vinagre. El plomo envenenaba lentamente los cuerpos de las mujeres, causando pérdida de cabello, dientes podridos y la muerte.

¡SU BELLEZA ME DEJÓ BLANCO!

En 1760, la noble irlandesa Maria Gunning fue sólo una de las aspirantes a bellezas que murieron de intoxicación por plomo.

Barba Rara

La moda masculina podía ser igual de letal. En el siglo XVI, las barbas causaban furor. Hans Steininger fue famoso por tener la barba más larga en Austria: increíbles 1.3 m.

Lamentablemente, cuando estalló un incendio en 1567, Hans intentó huir, pero tropezó con su barba, cayó, se rompió el cuello y murió.

CÓMO SABER SI TIENES LA PESTE

La peste bubónica, o "muerte negra", se extendió en Europa en el siglo XIV. La gente vivía aterrada por la enfermedad, que ahora se piensa fue contagiada por las pulgas de las ratas. Las casas en las ciudades estaban tan juntas que la peste se expandió muy fácilmente. La probabilidad de muerte era de más de 50%.

En esto debes poner atención:

☠ Fiebre con vértigo o mareo.

☠ Nódulos linfáticos abultados (bubones) en el cuello, axilas o entrepierna.

☠ Manchas negras azulosas, causadas por sangrado bajo la piel.

☠ Bubones rodeados por sarpullido rojizo.

Remedios riesgosos

Los médicos de la peste usaban grandes máscaras con un pico y llenas de hierbas de olor, pues creían que eso los protegía de la infección. Las "curas" que usaban incluían:

☠ Abrir las venas para que la enfermedad dejara el cuerpo, ¡mientras se desangraba hasta morir!

☠ Cortar los bubones y poner popó humana encima.

¡NO TE PREOCUPES, QUERIDO, AQUÍ ESTÁ EL DOCTOR!

JI JI JI

EUREKA... ¡ARRRGHH!

Algunos inventores desafortunados han sido asesinados por sus propias creaciones.

Sin quitar el dedo del renglón

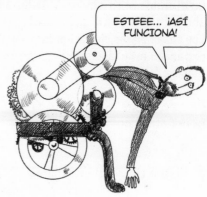

ESTEEE... ¡ASÍ FUNCIONA!

William Bullock inventó una prensa rotativa. Por desgracia, literalmente puso su pie en ella. El pie se infectó con gangrena, y en 1867 murió durante la operación para amputarlo.

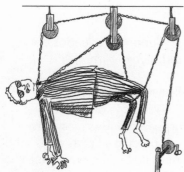

Ni en sueños

En 1944, el inventor estadounidense Thomas Midgley júnior se ahorcó accidentalmente con el cordón de su nuevo invento: una cama mecánica con poleas.

Hasta el fondo

En 1863, Horace Lawson Hunley, inventor del primer submarino de combate, murió cuando éste no logró emerger a la superficie.

¡VAYA, QUÉ BIEN SE SUMERGE!

Fallando y cayendo

Un sastre llamado Franz
Reichelt cayó desde la primera
plataforma de la Torre Eiffel
en París, Francia, en 1912.
Estaba probando su nuevo
invento: un abrigo que
funcionaba como paracaídas...
aunque no funcionó.

Arriba, arriba y... ¡ay!

Henry Smolinski tuvo una idea brillante: ¡un auto que pudiera
volar! Murió en 1973, cuando su AVE Mizar, un Ford Pinto
convertido en auto volador, perdió el ala derecha y se
estrelló en California.

RAZONES PARA EVITAR TRAICIONES

Hasta el siglo XIX, el castigo en Inglaterra por el crimen conocido como alta traición (conspirar para derrocar al gobernante del país) era ser ahorcado, arrastrado y descuartizado. El método constaba de cinco desagradables etapas:

1. Se ataba a la víctima a un marco de madera y se le arrastraba a caballo para su ejecución.

2. Se le colgaba hasta que estuviera casi muerta.

3. Sus órganos eran extraídos y, a veces, quemados frente a ella.

4. Se le decapitaba y cortaba en cuartos.

5. Las partes se exhibían como advertencia para que los demás no conspiraran.

LA CENA DE LA MUERTE

La última comida del rey Adolf Frederick de Suecia, antes de morir el 12 de febrero de 1771, fue una megacena. ¡No es raro que se le recuerde como "El rey que comió hasta morir"!

Langosta

Caviar

Sauerkraut (col fermentada)

Sopa de col

Arenque ahumado

Champaña

14 pastelillos con crema

Leche

ASESINATO MISTERIOSO #2

La vejiga de Brahe

Durante más de 400 años, se pensó que Tycho Brahe, un brillante astrónomo danés, murió en 1601 porque era demasiado educado para levantarse de la mesa en un banquete, ¡aunque estaba desesperado por ir al baño!

La comida siguió por horas, lo que le provocó una infección grave, y murió dolorosamente 11 días después.

Sin embargo, en la década de 1990, pruebas científicas realizadas a algunos pelos de su barba mostraron altos niveles de mercurio, que es venenoso. ¿Pudo Brahe haber sido envenenado por otro astrónomo, celoso de su éxito?

Recientemente, los restos de Brahe fueron desenterrados para hacerles pruebas. El mundo espera una respuesta...

URNAS INUSUALES

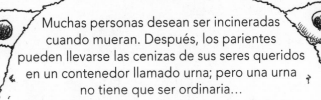

Muchas personas desean ser incineradas cuando mueran. Después, los parientes pueden llevarse las cenizas de sus seres queridos en un contenedor llamado urna; pero una urna no tiene que ser ordinaria...

Fred Baur, quien diseñó el recipiente cilíndrico para unas papas fritas muy conocidas, murió en 2008. Algunas de sus cenizas se colocaron en una lata de papas y se enterraron.

¡Pueden hacerte una urna como tu cabeza! Si quieres tus cenizas más tiernas, pueden introducirse en un adorable osito de peluche. Las urnas incluso pueden pegarse a una moto o coche para un último paseo salvaje.

COMPOSITOR DESCOMPUESTO

En 1687, un compositor llamado Jean-Baptiste Lully dirigió un concierto para celebrar la recuperación del rey Luis XIV de Francia. Su dirección fue tan vigorosa que se golpeó un dedo del pie con su bastón (usado antes de la invención de la batuta). El dedo se infectó, pero Lully se negó a que lo cortaran en una operación. La infección se propagó y él murió.

PARTES DE UNA ESPADA

Durante siglos, muchos hombres se sentían desnudos sin una espada al lado. Algunos sólo las usaban para lucirlas; otros eran felices si podían cortar, rebanar, partir y apuñalar a la primera oportunidad. ¡Mira la imagen de abajo para conocer las partes de una espada!

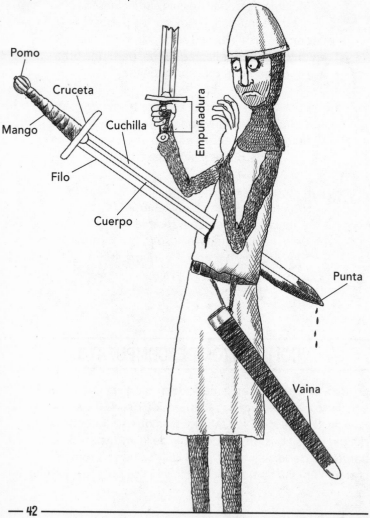

Pomo

Cruceta

Mango

Cuchilla

Empuñadura

Filo

Cuerpo

Punta

Vaina

DIEZ PLANTAS VENENOSAS

Nunca comas:

1. Belladona

2. Cimífuga

3. Árbol de estricnina

4. Planta de ricino

5. Acónito

6. Lauréola (Dafne)

7. Uvas del diablo

8. Adelfa

9. Cicuta de agua

10. Dedalera

COME TU RICA ENSALADA, QUERIDO.

Comer un solo grano de la planta de ricino es suficiente para matar a alguien, pues contiene el compuesto altamente tóxico de nombre ricina.

DETECTOR DE VIDA

Un cirujano danés llamado Jacob Winsløw (1669-1760) estaba preocupado porque los métodos para declarar a alguien muerto no eran muy confiables. Éstas son algunas de las pruebas que sugirió para asegurarse totalmente de que una persona estuviera muerta:

☠ Irritar la nariz con cebollas y ajo

☠ Dar azotes con ortiga

☠ Jalar brazos y piernas violentamente

☠ Balancear un vaso con agua sobre el pecho

☠ Verter orina tibia en la boca

☠ Hacer cosquillas en la nariz con una pluma

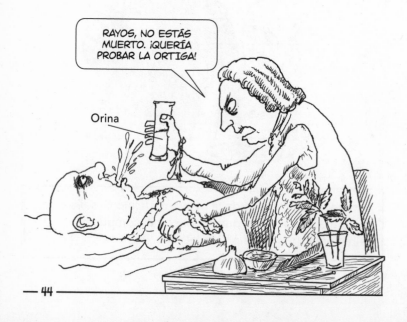

MAUSOLEO PODEROSO

Un mausoleo es un edificio que conmemora la muerte de una persona y que generalmente contiene sus restos. La palabra misma viene del rey Mausolo de Caria (un área que es ahora parte de Turquía), quien murió en el año 353 a. C. Su esposa, Artemisia, ordenó la construcción de un gigantesco edificio; era conocido como el Mausoleo de Halicarnaso y fue una de las Siete Maravillas del mundo antiguo. Se mantuvo por más de 1500 años, hasta que fue destruido por los terremotos.

¿CREES QUE ES BASTANTE GRANDE?

El empresario estadounidense John Porter Bowman construyó un magnífico mausoleo para su esposa e hijas. Luego construyó una casa cerca para pasar las vacaciones junto a su familia. Cuando murió en el año 1891, dejó 50 000 dólares para el mantenimiento de su mansión; esto continuó hasta que el dinero se acabó en los años 50.

POLVO DE MOMIA

Desde el siglo XII empezó a venderse el polvo resultante de moler momias antiguas como medicina que podía curar casi cualquier cosa.

☠ El rey francés Francisco I (1494-1547) tomaba diariamente una dosis de polvo de momia mezclado con ruibarbo seco. Pensaba que lo mantenía fuerte y a salvo de los asesinos.

☠ El rey Carlos II de Inglaterra (1630-1685) a menudo frotaba el polvo sobre su piel para absorber la antigua grandeza de los faraones.

☠ Algunos artistas añadían el polvo a sus pinturas, esperando que éste les diera cualidades mágicas.

☠ En los siglos XVII y XVIII, la demanda de polvo de momia era tan alta que los habilidosos comerciantes egipcios embalsamaban muertos frescos; luego los vendían como momias antiguas para engañar a los europeos.

INSTRUMENTAL PARA AUTOPSIA

Aquí están algunas de las herramientas que los médicos utilizan para abrir un cadáver y averiguar cómo y por qué murió.

1. Aguja de Hagedorn, para coser de nuevo el cuerpo.

2. Aguja de hueso, para cortar a través de huesos grandes.

3. Escalpelo, una cuchilla afilada para cortar piel, carne y pelo.

4. Cincel para cráneo, para abrir la cabeza y llegar al cerebro.

5. Cortadores de costillas, para abrirlas y llegar a los órganos internos.

6. Cuchillo para pan, para cortar muestras de cerebro.

7. Básculas, para pesar partes del cuerpo, como el hígado.

8. Enterotomo, tijera para abrir los intestinos.

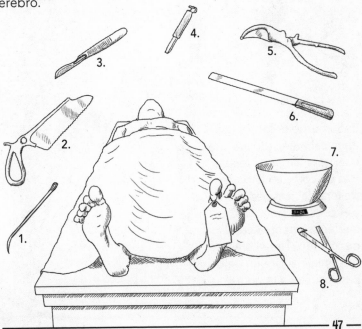

CÓMO ENCOGER UNA CABEZA

La tribu Shuar y algunos otros pueblos de la selva amazónica en Sudamérica solían reducir el tamaño de las cabezas de los enemigos que habían matado. He aquí cómo lo hacían.

Advertencia: Esto es de verdad horrendo. Para una manera menos sangrienta de reducir una cabeza, ve a las páginas 50 y 51.

1. Primero mata a tu enemigo; utiliza el método que te guste, excepto destrozar el cráneo. Luego corta la cabeza, incluyendo el cuello.

3. Raspa la carne dentro de la cabeza y cose los párpados. Usa palillos o alfileres para cerrar los labios.

4. Cuece la cabeza por un par de horas en agua hirviendo y hierbas, hasta que tenga un tercio de su tamaño original y la piel esté oscura y gomosa.

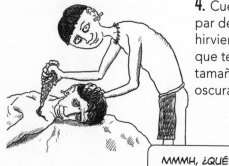

2. Sumerge la cabeza en agua caliente y déjala unos días para aflojar el tejido. Haz un corte en la parte trasera de la cabeza y el cuello, y pela cuidadosamente la piel del cráneo. Tira el cráneo o colócalo sobre un palo para asustar a la gente.

MMMH, ¿QUÉ COCINAS?

5. Pon la piel al revés y raspa cualquier carne restante. Gira la piel a la derecha nuevamente y cose la abertura posterior, dejando sólo una abertura en el cuello.

6. Calienta unas piedras al fuego y colócalas con cuidado dentro de la cabeza para secar la piel. Usa arena caliente en áreas pequeñas, tales como las fosas nasales.

7. Cuelga la cabeza sobre el fuego para endurecerla y oscurecerla. Recorta el pelo. Si lo deseas, agrega hilos y cuentas de colores en la cabeza como decoración.

8. Necesitarás usar la cabeza como collar o accesorio en tres fiestas para asegurarte de que su poder pasa a tu tribu. Después de eso, puedes usarla para decorar tu cabaña, o intercambiarla por armas para matar aún a más enemigos.

¡Feliz encogimiento de cabeza!

¡QUÉ BUENA CABEZA, AMIGO!

CÓMO HACER FRUTA TERRORÍFICA

Si las instrucciones de las páginas 48 y 49 son demasiado asquerosas, podrías practicar encogiendo cabezas con este proceso.

Necesitarás:

- 1 manzana (lo más grande posible) • un cuchillo pequeño
- ½ taza de sal • 5 tazas de agua • 3 cucharadas de jugo de limón • un trozo de alambre o un clip grande (desdoblado)
- lazo • barniz transparente mate (cómpralo en una ferretería)

1. Pide a un adulto que te ayude a pelar la manzana y talla una boca, una nariz y los huecos de los ojos. Los rasgos faciales deben ser tan grandes como sea posible, pues la manzana se encogerá.

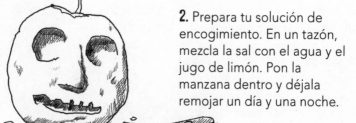

2. Prepara tu solución de encogimiento. En un tazón, mezcla la sal con el agua y el jugo de limón. Pon la manzana dentro y déjala remojar un día y una noche.

3. Pide a un adulto que pase el alambre a través del centro de la manzana, de arriba abajo. Luego dobla el extremo del alambre de manera que queden 2.5 cm debajo de la manzana; eso mantiene el alambre en su lugar. Dobla la punta del alambre para formar un aro.

4. Enrolla un lazo a través del alambre y cuelga tu cabeza de manzana en algún lugar donde pueda escurrir y secarse durante varias semanas. O, si eres demasiado impaciente, pide a un adulto que la coloque en un horno tibio (no caliente) hasta que esté completamente seca.

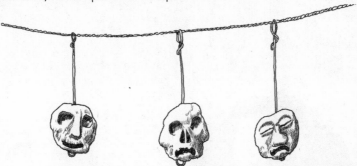

5. Pinta los rasgos para terminar tu cabeza encogida. Puedes pegarle algún pelo falso, si lo deseas. Termina con una capa de barniz transparente, y luego horroriza a tus amigos colgándola de tu cinturón o en tu cuarto.

POSIBLES ARMAS ASESINAS

Soga
Daga
Revólver
Tubo
Llave de tuercas
Candelero

HASTA QUE LA MUERTE NOS SEPARE... ¡O NO!

☠ Cuando la esposa del caballero inglés sir John Price murió en el siglo XVII, él hizo que embalsamaran su cuerpo. Durmió cada noche junto a ella en su cama, ¡incluso cuando se casó con su segunda esposa!

☠ La reina Juana de España quedó devastada cuando su marido Felipe murió. Guardó su cuerpo en un ataúd que viajó desde Bélgica hasta España, y a menudo lo abría para besar su rostro muerto.

☠ El príncipe Pedro de Portugal tuvo mala suerte con sus esposas. La tercera, Inés de Castro, fue asesinada en 1355. Pedro encontró a los hombres que la mataron y, vivos, les arrancó el corazón. La leyenda cuenta que cuando se convirtió en rey, ordenó que la desenterraran, la vistieran con finas ropas y la coronaran reina. Algunos dicen que sus cortesanos fueron obligados a besar la mano muerta.

CÓMO HACER UN GATO-MOMIA FALSO

Primero lo primero: nunca hagas esto con un gato de verdad. Cierto, los antiguos egipcios momificaban casi todo, incluyendo escarabajos del estiércol, pero estaban particularmente interesados en momificar gatitos (ver página 78).

Sin embargo, incluso en tiempos antiguos, había negocios dudosos. No era probable que se desenvolviera a los amigos felinos, así que los embalsamadores a menudo vendaban sólo algunos huesos al azar o trozos de trapos. ¡Tu gato-momia falso sigue una fina tradición!

Necesitarás:

• 1 botella de plástico vacía • 1 cubeta de tierra o arena • periódico • masking tape • 1 pedazo pequeño de cartón • pegamento PVA • 1 brocha • té cargado o café frío (sin leche ni azúcar) • vendas: puedes usar tiras de algodón de unos 3 cm de ancho (como sábanas o fundas viejas), o vendajes de gasa • pintura • plumones

1. Pon un poco de tierra o arena en la botella para que pese más. Haz una bola de periódico y mételo en el cuello de la botella para hacer una cabeza; sujétala con masking tape. Haz lo mismo con una bola de periódico más pequeña para redondear el fondo.

2. Haz otra bola pequeña y pégala al frente de la cara. Corta dos orejas pequeñas de cartón y pégalas también.

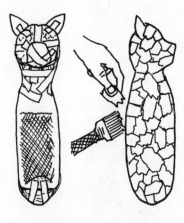

3. Mezcla un tanto de pegamento PVA con otro tanto de agua. Arranca trozos de periódico y pégalos alrededor de toda la momia, cubriendo así la botella y el masking tape. Necesitarás al menos dos capas, y más en la cabeza para darle buena forma gatuna. Deja secar entre cada capa.

4. Revuelve un poco de pegamento con el té o café para que la mezcla luzca sucia y pegajosa. Sumerge ahí las vendas, ¡y empieza a enrollar! Entrecruza los vendajes en la capa final y mete bien las puntas.

Pinta la cabeza para que combine con el color del cuerpo y dibuja los ojos y la boca.

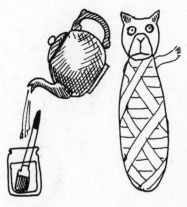

En el siglo XIX se enviaron a Inglaterra unas 20 toneladas de cadáveres antiguos de gatos para usar como fertilizantes.

¡NO ME ENTIERREN VIVO!

En el pasado, mucha gente vivía aterrada de que la supusieran muerta y la enterraran viva. Este miedo tiene incluso un nombre médico: tafofobia. Algunos famosos escogieron formas extrañas de enfrentar su temor.

El escritor ruso Fiódor Dostoievski temía tanto que lo creyeran muerto cuando dormía, que dejaba notas junto a la cama cuando se iba a dormir, para asegurar a la gente que no estaba muerto.

Más peticiones extrañas de famosos:

NO DEJEN QUE PONGAN MI CUERPO EN UNA BÓVEDA ANTES DE QUE PASEN DOS DÍAS DE MI MUERTE.

HAGAN QUE ABRAN MI CUERPO PARA QUE NO ME ENTIERREN VIVO.

CUANDO ME MUERA, CÓRTENME LA CABEZA; SÓLO PARA ESTAR SEGUROS.

George Washington (Presidente de Estados Unidos)

Frédéric Chopin (Compositor)

Harriet Martineau (Escritora)

GRANDES ESPERANZAS

El último deseo del escritor Charles Dickens fue tener un funeral sencillo y privado, y que ninguno de los asistentes llevara bufanda, capa, moño negro o "cualquier otra asquerosidad absurda". Su funeral se llevó a cabo sólo con amigos cercanos y familiares, pero fue enterrado en la Abadía de Westminster, en Londres, Inglaterra. Su tumba estuvo abierta por varios días para que miles de personas pudieran presentar sus últimos respetos.

TIRANOS TERRIBLES

Muchos gobernantes del pasado fueron brutales, despiadados y les complacía la muerte. Aquí está una colección absolutamente mortal de monarcas asesinos, emperadores malvados y gobernantes podridos.

¡YO NO FUI, MAMÁ, DE VERDAD!

Nerón malvado

El emperador romano Nerón quería deshacerse de sus parientes. Tal vez su madre asesina, Agripina, tuvo algo que ver con su forma de ser. Ella eliminó a varios de los rivales de su hijo, pero Nerón no dudó en matarla a ella también, cuando tuvo la oportunidad, aunque tomó varios intentos.

Nerón contrató a un asesino en serie, Locusta, para envenenar a su hermano Británico. También intentó estrangular a su esposa Octavia varias veces, antes de cortarle las venas para que se desangrara hasta morir.

¡NO BEBER!

El asesino Murad IV, sultán del Imperio otomano en el siglo XVII, hizo que beber café o alcohol en la ciudad de Constantinopla (hoy Turquía) fuera un crimen sancionado con la muerte. A veces él mismo realizaba las ejecuciones, utilizando un arma gigante llamada mazo. Una vez hizo matar a un grupo de mujeres que bailaban porque hacían mucho ruido.

NADA COMO UNA BUENA TAZA DE CAFÉ.

¡Tan terrible!

¿TUVISTE BUEN DÍA EN LA OFICINA, QUERIDO?

Un gobernante ruso del siglo XVI fue conocido como Iván el Terrible por una razón: había matado a miles de enemigos. Algunos fueron hervidos vivos, a otros los ataban de brazos y piernas a cuatro caballos, que luego galopaban en direcciones opuestas; incluso mató a su propio hijo de un golpe en la cabeza con un bastón con punta de hierro.

ÚLTIMAS Y RARAS VOLUNTADES

A algunos les gusta tener el control, hasta cuando están muertos. Sus últimas voluntades y testamentos les dan una oportunidad para influir sobre sus allegados.

Ni un pelo

Henry Budd tenía 200 000 libras esterlinas cuando murió en 1862, una gran fortuna en ese momento. Dejó todo a sus dos hijos, que tenían que comprobar no tener bigote.

¡DEJEN DE LLORIQUEAR!

Muñeco inmortal

El famoso ventrílocuo Edgar Bergan le dejó 10 000 dólares a su títere, Charlie McCarthy, para que lo mantuvieran en buenas condiciones. Ahora Charlie está en el Instituto Smithsoniano de Washington, D. C. (EE. UU).

No más lágrimas

El testamento del abogado italiano Ludovico Cortusio insistía en que nadie debía llorar en su alegre funeral en 1418. Si alguien lo hacía, descubriría que no heredar nada no es divertido en absoluto.

Una vida tranquila

En 1929, el empresario californiano John Quincy Murray les dejó dinero a dos de sus nietas, siempre y cuando no usaran jamás joyas o maquillaje, no se dejaran el pelo muy corto, no usaran vestidos cortos o escotados ni fueran al cine o a los bailes.

¡A roquear!

La cantante de rock Janis Joplin dejó 2 500 dólares en su testamento para pagar una fiesta de toda la noche en California, EE. UU.

Cortina de humo

La esposa de Samuel Bratt no le permitía fumar puros; cuando éste murió en 1960, le dejó a ella 330 000 libras esterlinas, de las que podría disponer si, y sólo si, se fumaba cinco puros al día.

FINGIR

Para algunas personas, fingir la muerte puede ser una forma útil de poner a prueba a sus seres queridos, o de salir de una situación difícil.

Ensayo

Cuando terminaron su tumba en 1799, Timothy Dexter fingió morir para ver cómo reaccionaría la gente.

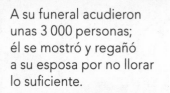

A su funeral acudieron unas 3 000 personas; él se mostró y regañó a su esposa por no llorar lo suficiente.

Cuando fingir sale mal...

Cuenta la leyenda que, en la Edad Media, un hombre llamado John Overs fingió su propia muerte, esperando que sus siervos no comieran durante un día por respeto y le ahorraran el costo de sus alimentos. En realidad, ¡los sirvientes aclamaron y asaltaron su cocina! Overs comenzó a gritarles, pero uno de los criados, pensando que el diablo había tomado su cuerpo, lo golpeó con un remo y lo mató.

DECEPCIÓN MORTAL

Tras años de planificación y un duro viaje por la masa helada de la Antártida, Robert Falcon Scott y su grupo de exploradores llegaron al Polo Sur el 17 de enero de 1912. El problema fue que el explorador noruego Roald Amundsen había llegado allí primero, dejando tras de sí una casa de campaña, una carta y una bandera noruega.

Agotados y deprimidos, los exploradores de Scott enfrentaron un peligroso viaje de 1 500 kilómetros para regresar a salvo. No lo lograron. Los tres últimos miembros de la expedición, incluyendo a Scott, murieron en marzo de 1912, a tan sólo 18 km de distancia de alimentos y suministros.

MASCOTAS AMIGAS

Algunas personas adineradas quieren tanto a sus mascotas que dejan dinero en sus testamentos para que sus perritos y gatitos estén bien cuidados.

Dinastía perruna

La condesa alemana Carlotta Liebenstein dejó su fortuna de 80 millones de dólares a su mascota, un pastor alemán llamado Gunther III. Después de que Gunther III murió, la finca, ahora con un valor de más de 200 millones de dólares, pasó a otro perro, Gunther IV. El mimado can vive con su criada personal y su chofer.

Felino fabuloso

Un gato llamado Tommaso se convirtió en el más rico del mundo cuando su dueña, la italiana Maria Assunta, le dejó toda su fortuna de más de 10 millones de libras esterlinas en 2011.

Sabueso de los negocios

La potentada empresaria Leona Hemsley le dejó a su perro alrededor de 12 millones de dólares, pero sus parientes fueron a la corte para anular sus deseos. El terrier maltés, cuyo nombre era Problema, siguió millonario al recibir dos millones de dólares. Le llevaban su comida en una bandeja de plata, ¡y le daban con la mano cada bocado!

¡AVALANCHA!

Se estima que hay un millón de avalanchas en el mundo cada año. La mayoría son pequeñas y pasan inadvertidas, aunque algunas han sido verdaderas asesinas.

☠ En 1910, las fuertes nevadas impidieron el paso a los trenes que entraban a Stevens Pass, en Washington, EE. UU. Mientras esperaban, los trenes fueron alcanzados por una avalancha súbita, que arrastró los vagones por un acantilado de 40 m de altura y mató a 96 personas.

Ha sido el peor desastre de avalancha en Estados Unidos.

¡TE DIJE QUE NO TOCARAS ESE CUERNO!

☠ El 4 de septiembre de 1618, la avalancha Rodi destruyó el pueblo suizo de Plurs, y enterró vivas a 2 427 personas. Nadie sobrevivió.

☠ Durante la Primera Guerra Mundial, los ejércitos de Austria e Italia lucharon a través de los Alpes. En diciembre de 1916, los disparos a la nieve provocaron una serie de avalanchas que mató entre 9 000 y 10 000 hombres de ambos ejércitos.

☠ Más de 2 200 años antes de eso, en el 218 a. C., el general Aníbal de Cartago condujo un ejército gigante sobre los Alpes para atacar a los romanos en Italia. Una avalancha aniquiló a unos 18 000 de sus hombres y 2 000 de sus caballos, así como a la mayoría de sus elefantes.

ÚLTIMAS VOLUNTADES

☠ La última petición del mago y escapista Harry Houdini fue que su esposa Bess realizara una sesión de espiritismo (una reunión para tratar de ponerse en contacto con los espíritus de los muertos) cada año en Halloween, usando diez palabras secretas contenidas en su testamento para tratar de comunicarse con él.

☠ El famoso líder y general francés Napoleón murió en 1821. Su última petición fue que le afeitaran la cabeza y dieran mechones de pelo a sus amigos.

☠ La última petición del antiguo poeta romano Virgilio fue que quemaran su poema épico *La Eneida*. Afortunadamente para los amantes de la poesía, su familia no lo hizo y el poema sobrevivió.

☠ T. M. Zink era un abogado americano a quien no le gustaban las mujeres. Cuando murió, en 1930, dejó 50 000 dólares para construir una biblioteca sin mujeres, que no tendría libros de autoría femenina, y no se permitiría la entrada a las damas. Los miembros de la familia de Zink desafiaron con éxito su voluntad, y la biblioteca nunca se construyó.

☠ Al escritor Hunter S. Thompson le cumplieron su última voluntad: que sus cenizas fueran disparadas por un cañón encaramado en la cima de una torre de más de 20 m de alto, ¡y en forma de un puño! El cañón fue pagado por el actor de Hollywood Johnny Depp, quien era amigo de Thompson.

BAILA CON LOS MUERTOS

Cada cinco o siete años, algunos nativos de Madagascar repiten una tradición funeraria llamada Famadihana, que significa "el paso de los huesos".

La ceremonia consiste en desenterrar los huesos de los muertos, que luego son rociados con perfume o vino, y los familiares bailan en torno a ellos, mientras los ancianos relatan historias sobre los muertos a los miembros más jóvenes de la tribu. Los huesos usualmente se envuelven en sudarios nuevos antes de ser devueltos a sus tumbas.

ASESINATO RATONERO

Si tuvieras mal aliento en el antiguo Egipto, buscarías un ratón para rebanar. Una cura para el mal aliento en ese entonces era cortar un ratón en dos y colocar una mitad dentro tu boca. ¡Argh!

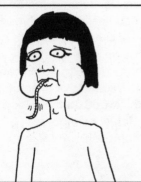

CENA LETAL

Incluso algo tan simple como masticar la cena ha sido el fin para algunas personas.

☠ Se dice que un antiguo senador romano, Lucio Fabio Cilón, murió durante la cena después de ahogarse con un solo pelo que encontraron en su leche.

☠ El escritor estadounidense Sherwood Anderson murió en Panamá en 1941, después de tragar parte de un palillo de dientes que perforó el interior de su sistema digestivo.

☠ El papa Clemente VII murió en 1534 después de comer una seta altamente venenosa. No se sabe si fue un accidente o algo más siniestro.

☠ Los padres del famoso científico, e inventor del termómetro, Daniel Fahrenheit, murieron juntos el 14 de agosto de 1701, tras comer unos hongos que resultaron ser venenosos.

☠ El rey Enrique I de Inglaterra murió en 1135 de intoxicación por alimentos, después de comer demasiadas lampreas guisadas, criaturas parecidas a las anguilas y consideradas sabrosas en esos tiempos. Como murió en Francia, sus restos fueron trasladados dentro de la piel de un toro y enviados a Inglaterra para ser enterrados.

MMMMH... ¡ME MUERO POR UNA LAMPREA!

COMEHOMBRES SERIALES

Algunos animales, hambrientos o amenazados, no vacilan en atacar y matar humanos. He aquí una lista corta, pero salvaje, de algunas de las más terribles criaturas masticahombres (que tampoco dicen no a mujeres y niños).

☠ En 1898, un par de leones machos atacó y mató a trabajadores que construían una vía de tren y un puente sobre el río Tsavo, en África Oriental, y no sólo una vez, sino varias. En nueve meses, 135 trabajadores fueron asesinados por los feroces felinos. Finalmente, los dos fueron ejecutados. Uno de ellos medía 3 m de largo y se necesitaron ocho hombres para llevárselo del lugar.

☠ Con más de 60 años de edad, 6 m de largo y un peso de casi 1 000 kg (1 tonelada), un cocodrilo gigante, conocido como Gustave, aterrorizó a los habitantes de Burundi en África. Fue visto por última vez en 2008; para entonces, ya había atacado y asesinado a más de 300 hombres, mujeres y niños.

☠ Un leopardo macho que vivía en la región india de Kumaon mató a más de 400 personas antes de que le dispararan en 1910. Lo apodaron el "Leopardo de Panar". Parece que el leopardo estaba herido y le era difícil atrapar y matar a otros animales salvajes, por eso cazaba seres humanos.

SI NO PUEDE CAZAR, ¿POR QUÉ NO ADELGAZA?

☠ Una hembra de tigre de Bengala se hizo famosa en el siglo XIX cuando mató a 436 personas en Nepal y la India. La tigresa de Champawat finalmente fue muerta en 1907 por un gran cazador llamado Jim Corbett.

LORO GROSERO

Se dice que al funeral de Andrew Jackson, séptimo presidente de Estados Unidos, en 1845, asistió su mascota, un loro llamado Pol. El ave tuvo que ser retirada de la ceremonia cuando empezó a maldecir en español e inglés. ¿Habrá aprendido esas palabras altisonantes del presidente?

FOBIAS DE MIEDO

Coimetrofobia: temor a los cementerios
Mictofobia: miedo a la oscuridad
Necrofobia: temor a la muerte o cosas muertas
Espectrofobia: aversión a los fantasmas
Placofobia: temor a las lápidas
Tomofobia: miedo a las cirugías

LA MUERTE DE UN PRESIDENTE

Ocho presidentes estadounidenses han muerto durante sus mandatos. Siete de ellos fueron elegidos en años terminados en cero, y el otro murió en un año terminado en cero. ¡Qué raro!

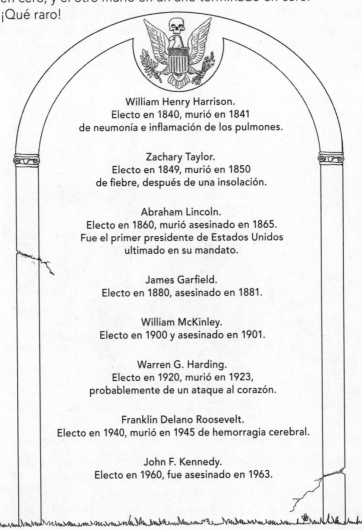

William Henry Harrison.
Electo en 1840, murió en 1841
de neumonía e inflamación de los pulmones.

Zachary Taylor.
Electo en 1849, murió en 1850
de fiebre, después de una insolación.

Abraham Lincoln.
Electo en 1860, murió asesinado en 1865.
Fue el primer presidente de Estados Unidos
ultimado en su mandato.

James Garfield.
Electo en 1880, asesinado en 1881.

William McKinley.
Electo en 1900 y asesinado en 1901.

Warren G. Harding.
Electo en 1920, murió en 1923,
probablemente de un ataque al corazón.

Franklin Delano Roosevelt.
Electo en 1940, murió en 1945 de hemorragia cerebral.

John F. Kennedy.
Electo en 1960, fue asesinado en 1963.

¡UPS!

¿Es ésta la peor suerte de todas? En 1794, la tripulación del *Chacal* disparó 13 cañonazos en honor de John Kendrick, un famoso marinero, capitán y explorador norteamericano. Kendrick estaba cerca de su barco, el *Lady Washington*; por accidente, uno de los cañones fue cargado con municiones reales, en lugar de salvas, que le dieron y lo mataron en el acto.

¡AUCH!

Durante los siglos XVIII y XIX, los médicos en Prusia a veces trataban a quienes tartamudeaban realizándoles una "hemiglosectomía", ¡que consistía en cortar pedazos de su lengua! A eso seguía un dolor insoportable, infección y, en algunos casos, la muerte.

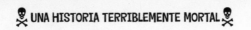

EL CAMINO DE LA MUERTE

La carretera del norte de Yungas, en Bolivia, es también conocida como "El camino de la muerte".

Construida por presos en la década de 1930, la carretera tiene unos 60 km de largo, pero sólo 3 m de ancho. Sus curvas serpentean a través de empinadas colinas y acantilados con una caída vertical de más de 500 m a cada lado de la pendiente, y no hay barras de contención. El peligro se acentúa por la frecuente niebla y las lluvias torrenciales.

Como resultado, alrededor de 300 personas mueren cada año en esta horrible carretera. ¡Uy!

MASCOTAS IMPORTANTES

No sólo los antiguos egipcios querían a sus mascotas (ve a la página 54 para saber sobre mininos momificados). A lo largo de la historia, los amantes de los animales han sufrido al fallecer sus mascotas.

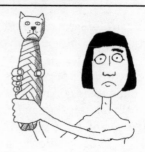

☠ Alejandro Magno (356-323 a. C.) tenía una perra llamada Peritas. Se dice que cuando ella murió, él condujo una gran procesión fúnebre hacia su tumba, erigió un monumento de piedra y ordenó a aquellos que vivían cerca que celebraran su memoria cada año.

☠ Ciro el grande (580-529 a. C.) fue un rey de la antigua Persia. Se alteró tanto cuando uno de sus caballos favoritos se ahogó, que sentenció "a muerte" al ofensor río. ¿Una ejecución difícil de llevar a cabo? Para nada. Ciro hizo excavar canales para drenar el río hasta una profundidad en la que ningún caballo pudiera ahogarse.

¡CREO QUE ESTO NO ESTÁ FUNCIONANDO!

☠ Cuando murió la mascota favorita del papa León X, Hanno, en 1516, se le enterró en el patio del Belvedere en el Vaticano, en Roma, Italia. El papa escribió un poema sobre su mascota fallecida y también encargó al famoso pintor Rafael que pintara una serie de escenas conmemorando la vida de Hanno. ¡Hanno era un elefante!

ME TEMO QUE EL PATIO YA NO ESTÁ MUY PLANO, SU SANTIDAD.

☠ El Cimetière des Chiens, un cementerio de mascotas, abrió en París, Francia, en 1899. Más de 40 000 mascotas están enterradas allí. La más famosa es Rin Tin Tin, un perro que protagonizó 26 películas en Hollywood antes de su muerte en 1932. Puede que el Cimetière des Chiens no sea el cementerio de mascotas más antiguo; recientes excavaciones arqueológicas en Ashkelon, Israel, descubrieron uno de perros que se remonta a más de 2 000 años.

EXPLORARON Y EXPIRARON

La exploración ha sido siempre un asunto arriesgado. Cuando valientes aventureros (a veces imprudentes) parten hacia lo desconocido, es casi seguro que algunos de ellos no vuelvan.

Capitán James Cook

Este famoso capitán británico cruzó gran parte de la costa este de Australia y partes del océano Pacífico, y vivió para contarlo. En 1779 volvió a Kealakekua Bay, en las islas hawaianas, para reparar la embarcación, donde estallaron peleas y fue asesinado. Como una señal de respeto, los jefes locales cocinaron su cuerpo para que sus huesos estuvieran limpios y se conservaran.

David Livingstone

En 1883, Livingstone, un escocés que exploraba partes de África central, murió en el pueblo de Illala, en la actual Zambia, de malaria y una hemorragia interna causada por una diarrea verdaderamente terrible. ¡Puaj!

Juan de la Cosa

Este marinero español hizo algunos de los primeros mapas de la costa de las Américas. Murió en Cartagena, Colombia, en 1509, por dardos envenenados y flechas lanzadas por los lugareños hostiles.

Burke y Wills

Robert Burke y William Wills dirigieron una malograda expedición para cruzar Australia de sur a norte. Los exploradores llevaron consigo más de 90 kg de jabón, 1 300 kg (1.4 toneladas) de azúcar, 180 kg de tocino y un gong chino. De alguna manera, la pareja murió de hambre en el camino de regreso de Australia septentrional en 1861.

Robert de La Salle

La Salle fue un explorador francés que viajó alrededor de los grandes lagos de América del Norte y partes del sur de Estados Unidos. En 1687, mientras exploraba Texas, algunos miembros de su expedición se volvieron contra él y lo mataron.

ORO FUNDIDO

Según la leyenda, el antiguo general romano Marco Licinio Craso fue asesinado hacia el año 53 a. C. por los partos de la antigua Persia, que vertieron oro fundido en su garganta, como un símbolo de la avaricia del general.

ATAÚDES CREATIVOS

El pueblo Ga, del país africano de Ghana, es famoso por sus funerales de fantasía. Hacen ataúdes que coinciden con los intereses o peticiones de la persona muerta. Los ataúdes se han hecho en forma de…

… teléfono celular
… taxi
… pez
… león
… cangrejo
… piña
… avión
… botella de refresco
… pavorreal
… tenis

FAMOSAS ÚLTIMAS PALABRAS

"Váyanse. Estoy bien."
(H. G. Wells, escritor de ciencia ficción, 1946)

"No me dejen morir así, digan que dije algo."
(Pancho Villa a un periodista que estaba cerca
mientras él moría por herida de bala en 1923)

"¿Me estoy muriendo o es mi cumpleaños?"
(Lady Astor, al ver su cama rodeada de parientes, 1964)

"No podrían darle a un elefante a esta dist…"
(General John Sedgwick, al subestimar la puntería
de los soldados confederados en la Guerra Civil de
Estados Unidos, 1864)

CÓMO HACER CALCADO POR FROTAMIENTO

Muchas tumbas o monumentos a los muertos tienen palabras e imágenes grabadas en placas de latón o de la piedra misma. Puedes copiarlas colocando papel sobre ellas y frotándolo suavemente con un crayón.

Necesitarás:

• un pincel suave o un trapo • papel delgado pero resistente • crayones de cera • masking tape • permiso del sacerdote o conserje

1. Utiliza el pincel o trapo para limpiar la superficie de polvo o arena que pudiera romper el papel.

2. Coloca el papel sobre las letras o imágenes, y utiliza el masking tape para asegurarte de que no se mueva.

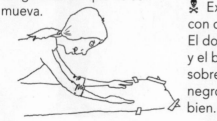

3. Usando el lado largo del crayón, frota suavemente sobre el objeto en una sola dirección hasta que todo el grabado se muestre en el papel.

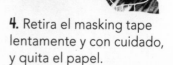

4. Retira el masking tape lentamente y con cuidado, y quita el papel.

☠ Experimenta con colores. El dorado y el blanco sobre papel negro lucen bien.

DIGNO DE UNA REINA (MUERTA)

El emperador Shah Jahan ordenó construir una impresionante tumba en memoria de su esposa Mumtaz Mahal, quien murió dando a luz al decimocuarto hijo de la pareja, en 1631. Se necesitaron 22 años y 20 000 trabajadores para terminarla; el Taj Mahal, en Agra, India, es uno de los edificios más famosos y bellos del mundo. Sin embargo, no es seguro que Mumtaz realmente esté enterrada allí.

¿CÓMO QUE NO RECUERDAS DÓNDE LA PUSISTE?

MIEDO A LA OSCURIDAD

El emperador Luis el Piadoso era el hijo de un hombre llamado Carlomagno, rey de los francos. En 840, el cielo se volvió totalmente oscuro durante el día, en un eclipse solar. Cinco minutos después, la luz del día regresó pero, según la leyenda, Luis no. Había muerto de miedo.

VESUBIO VIOLENTO

Una mañana de verano del año 79 a. C., la gente que vivía en la ciudad de Pompeya y sus alrededores, en la costa italiana, despertó de forma habitual. Horas después, el mundo se abrió cuando el monte detrás de la ciudad rugió terroríficamente.

La gente del lugar no sabía que el Vesubio era un volcán. No había hecho erupción en 1 800 años, ni había una palabra en latín para "volcán".

Antes de la gigantesca erupción, había habido varias señales de un desastre próximo, como algunos temblores. Nadie murió a causa de la lava ardiente deslizándose por la falda del Vesubio; en vez de ello, gas caliente, "magma" (piedra derretida) y cenizas se levantaron al cielo, donde se enfriaron y cayeron como ceniza y piedras.

Pompeya quedó sepultada bajo la ceniza caliente, matando a mucha gente al instante.

Los arqueólogos han trabajado para desenterrar la ciudad, que se conservó gracias a la ceniza que la cubrió. Se han hallado restos de esqueletos de personas y hasta animales, paralizados donde cayeron hace miles de años.

HAZ TU PROPIO VOLCÁN

Necesitarás:

• una charola • plastilina, papel maché o tierra
• una botella o contenedor de plástico • ½ cucharada
de bicarbonato de sodio • colorante rojo para alimentos
• ⅛ de taza de vinagre • detergente líquido
para platos

1. Construye un volcán con forma de cono sobre la charola. Puedes hacerlo con plastilina, papel maché o tierra. Deja una abertura en el medio, lo suficientemente grande para el envase de plástico.

2. Pon el bicarbonato y unas gotas de colorante en el recipiente de plástico. Añade tres o cuatro gotas de detergente líquido. Llena la botella con agua tibia, pero deja espacio para el vinagre.

3. Coloca la botella en medio de tu volcán y vierte el vinagre rápidamente de una sola vez. Retrocede y mira el volcán en erupción. El vinagre y el bicarbonato de sodio reaccionan para hacer dióxido de carbono. La "lava" deberá burbujear hacia arriba y bajar por tu volcán en erupción.

CONDUCTA ANTIDEPORTIVA

No hay nada malo en un poco de sana competencia, pero a veces los deportes pueden llegar a ser algo siniestros...

Victoria vacía

En los antiguos Juegos Olímpicos griegos en el año 564 a. C., la garganta de Arriquión de Figalia fue aplastada por su rival en el *pankration* (una forma brutal de lucha), justo cuando su oponente se rindió y perdió el combate. Arriquión fue proclamado ganador, a pesar de estar muerto.

El juego de la vida

Los antiguos aztecas tenían un juego de pelota llamado *ullamalitzli*. Dos equipos intentaban pasar una bola a través de aros de piedra. El capitán del equipo perdedor, y a veces todos sus compañeros de equipo, podían ser sacrificados al final del juego.

¡NO ERA PENAL!

Juego de manos...

En 1896, el primer capitán del equipo de futbol Arsenal,
Joseph Powell, cayó torpemente y se rompió un brazo
durante un partido contra Kettering. Le amputaron el brazo,
pero murió de una infección a una semana del partido.

¡ES SÓLO
UN RASGUÑO!

Sin abrigo

El maratonista Francisco Lázaro de Portugal estaba
compitiendo en los Juegos Olímpicos de 1912 en Estocolmo,
Suecia, cuando se desplomó y se convirtió en el primer
deportista olímpico moderno que muriera durante el evento.
La cera que había utilizado sobre su piel para evitar el sudor
ocasionó un desequilibrio de los minerales de su cuerpo,
llamados electrolitos, lo que le causó la muerte.

ME DA TRISTEZA,
PERO PULE DE
MARAVILLA.

JUEGOS DE ATAÚDES

Féretro de cocina

James "Jemmy" Hirst era un granjero inglés del siglo XVIII que tenía un ataúd apuntalado en su cocina. Invitaba a la gente a entrar en él, la encerraba y luego cobraba un centavo para dejarla salir.

Hogar temporal

En Tailandia, algunos templos budistas realizan un ritual donde una persona viva se viste de negro y yace en un ataúd durante unos minutos, mientras que los monjes cantan y rezan para deshacerse de la mala suerte y prolongar su vida.

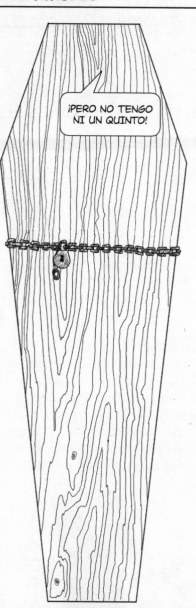

¡PERO NO TENGO NI UN QUINTO!

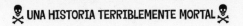

VUELVE A LA VIDA

Roger Tichborne era un joven muy rico de una familia noble en Inglaterra. En 1854 partió rumbo a las Antillas, pero hubo un naufragio y lo dieron por muerto.

Pasaron los años y, de repente, en 1866, la madre de Roger recibió una carta de Australia, de un hombre que afirmaba ser su hijo. Ella estaba encantada e inmediatamente lo invitó a volver a casa. Pero antes de que pudiera tomar su lugar como heredero de la fortuna Tichborne, tuvo que probar su identidad en la corte.

Llegó a ser conocido como "el supuesto Tichborne", y después de un juicio largo y dramático, se decidió que era un mentiroso y fue enviado a prisión. Sin embargo, ciertamente parecía saber muchos secretos sobre la familia Tichborne, y hasta ahora su verdadera identidad sigue siendo un misterio. ¿Al final, podría Roger haber vuelto a la vida?

SEÑALES DE PELIGRO

Hay químicos letales que se transportan a través del mundo por aire, tierra y mar. En caso de accidente, es importante que los servicios de emergencia sepan con lo que están tratando. Existen símbolos internacionales que han sido desarrollados para que cualquiera pueda estar prevenido.

Peligro: Puede incendiarse

Peligro: Altamente venenoso

Peligro: Puede dañar el ambiente

Peligro: Puede dañar seriamente la salud

Peligro: Gas bajo presión

Peligro: Material explosivo

Peligro: Puede causar daños a la salud

Peligro: Puede causar o empeorar el fuego

Peligro: Corrosivo (puede quemar al contacto)

COCO-LOCO

Cada año mueren más personas a causa de que un coco caiga sobre sus cabezas que por ataques de tiburón.

EL HOMBRE CON DOS CABEZAS

El famoso compositor clásico Joseph Haydn murió en 1809 y fue enterrado en el cementerio de Hundsturm, en las afueras de Viena, Austria. Poco después de su funeral, dos hombres, Joseph Rosenbaum y Johann Peter, entraron en su tumba y cortaron la cabeza del cadáver. Eran "frenólogos": gente que piensa que las protuberancias en la cabeza de alguien pueden dar pistas sobre su personalidad.

El dúo audaz ocultó la cabeza debajo de un colchón de paja, pero esto resultó sospechoso. Al ser cuestionado, Rosenbaum dio a las autoridades una cabeza diferente, que luego fue enterrada con el cuerpo decapitado de Haydn.

La cabeza original de Haydn no se reunió con su cuerpo sino hasta 1954. Ambas cabezas fueron exhibidas en Eisenstadt, Austria, en 2009, para conmemorar el bicentenario de su muerte.

COLORES DE LUTO

En muchos países occidentales, la gente tradicionalmente usa ropa negra después de que ha muerto alguien cercano a ellos, para mostrar que están de luto por su ser querido. Pero en algunas culturas, ¡todo es a color!

☠ En Sudáfrica, la gente usa ropas rojas en los funerales, ya que este color se asocia con tristeza y pérdida.

☠ En lugar de vestirse de blanco en una boda, los dolientes japoneses usan ropa blanca cuando alguien muere. A menudo llevan también un clavel blanco.

☠ El púrpura es el color tradicional de luto en Tailandia, pero no para todo el mundo. Las viudas que están de luto por sus esposos pueden verse usando púrpura.

☠ Aunque pueda parecer brillante y soleado, en Egipto y Myanmar es el color amarillo el que está asociado con la muerte y el luto, y es el color adecuado para ir a un funeral.

EL BRILLANTE CEREBRO DE EINSTEIN

Cuando se trata de gente inteligente, pocos son más vistos como "cerebritos" que el científico Albert Einstein. Cuando murió en 1955, Thomas Harvey extirpó su cerebro, que pesó 1.23 kg.

Se cortaron partes del cerebro en finas rebanadas para examinarlas en el microscopio, pero Harvey mantuvo el resto del cerebro en un frasco en su casa. El cerebro sobrevivió muchas mudanzas por Estados Unidos antes de ser finalmente donado a la Universidad de Princeton.

¡LADRONES DE CUERPOS!

Los investigadores y estudiantes de medicina aprenden mucho diseccionando (cortando) cadáveres. En el pasado, las escuelas de medicina pagaban mucho dinero por cuerpos, y a veces no hacían muchas preguntas.

☠ Cuatro estudiantes de medicina en la ciudad italiana de Bolonia fueron sorprendidos desenterrando el cuerpo recientemente sepultado de un criminal en 1319.

☠ En los siglos XVIII y XIX, cientos de cadáveres (quizás hasta 2 000) fueron extraídos del cementerio Bully's Acre, en Dublín, para las escuelas de medicina.

☠ En el siglo XIX, cerca de 200 ladrones de cadáveres trabajaban en Londres. Tan sólo entre 1830 y 1831, la policía capturó a siete bandas de robacadáveres.

NO, OFICIAL, SÓLO LLEVO A MI QUERIDA MADRE A PASEAR.

☠ William Burke y William Hare fueron conocidos ladrones de cadáveres en Edimburgo a principios del siglo XIX; vendían cadáveres a médicos y cirujanos. Cuando tuvieron problemas para encontrar cuerpos recién enterrados, empezaron a matar gente. Burke fue encontrado culpable de asesinato y ahorcado en 1829; su cuerpo fue donado a la ciencia médica como sopa de su propio chocolate.

DE CORAZÓN A CORAZÓN

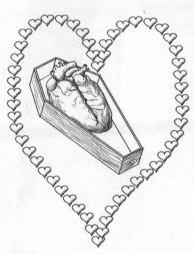

Juntos para siempre

El famoso escritor Thomas Hardy quería ser enterrado con su primera esposa, Emma, en Stinsford, Inglaterra. Después de su muerte, en 1928, un amigo insistió en que la Abadía de Westminster en Londres era el lugar más adecuado para su entierro. Se llegó a un acuerdo para tener a todos felices. El cuerpo de Hardy fue incinerado y sus cenizas, depositadas en la Abadía de Westminster, pero su corazón fue enterrado con Emma, como él lo había deseado.

Un delicioso bocado

Durante la Revolución Francesa, la tumba del rey francés Luis XIV fue allanada y robaron su corazón, que más tarde fue devorado por el excéntrico científico inglés William Buckland, quien tenía el hábito de comer alimentos inusuales.

Poesía de corazón

El poeta Lord Byron murió en Mesolongi, Grecia, en 1824. Su corazón fue enterrado allí, pero el resto de su cuerpo fue enviado a Inglaterra.

¡OH, JUSTO LO QUE SIEMPRE HABÍA QUERIDO!

Dos años antes, Byron había estado presente en la cremación de otro escritor, Percy Bysshe Shelley, en Italia. El corazón de Shelley fue salvado de la cremación y entregado a su esposa, Mary Shelley, autora de *Frankenstein*. Cuando su hijo (también Percy) murió en 1889, el corazón de su padre fue encontrado entre sus pertenencias y enterrado en Bournemouth.

EL FIN DE UN EMPERADOR

El emperador Andrónico I Comneno gobernó el Imperio bizantino en el siglo XII. Su muerte, a manos de una multitud furiosa en Constantinopla (ahora Estambul, Turquía), fue particularmente atroz. Durante tres días, la turba le aplicó un menú de terribles torturas…

☠ Lo golpearon.

☠ Le arrancaron los dientes.

☠ Le sacaron los ojos.

☠ Lo colgaron de los pies y lo descuartizaron lentamente hasta que murió.

No es un gran final para un emperador… ni para nadie más, en realidad.

DÍA DE MUERTOS

El día de Todos los Santos se celebra el 1°. de noviembre cada año; y el 2, en México, se conoce como "Día de Muertos". Ese día se recuerda a los familiares y amigos fallecidos.

Lejos de ser un día triste o de miedo, es una celebración. La gente usa máscaras de calavera de madera, llamadas calacas, llevan regalos a los sepulcros de los muertos y bailan en honor de sus familiares.

Se hace comida especial, como dulces azucarados en forma de calaveras y pan de muerto que puede ser decorado con lágrimas de masa o formas de huesos (ver páginas 160-161 para averiguar cómo hacer tu propio pan). A menudo se pone un altar en el hogar y se decora con velas y fotos de los muertos queridos.

UN EJÉRCITO PARA UN EMPERADOR (MUERTO)

En 1974, unos campesinos encontraron en Xi'an, China, la tumba subterránea gigante del primer emperador de China, Qin Shi Huangdi. Todavía están excavando la tumba, pero está llena de increíbles estatuas de tamaño natural, hechas de terracota (barro cocido). Se dice que se hicieron para escoltar y proteger al emperador después de la muerte.

Qin Shi Huangdi pasó gran parte de su existencia tratando de encontrar un "elíxir de la vida", que significaría que nunca moriría. Nunca lo encontró, pero tomó mercurio para tratar de vivir más tiempo. El mercurio es venenoso, y probablemente fue lo que lo mató. Hay tal vez 8 000 guerreros de terracota en la tumba. Sólo una fracción se ha excavado hasta ahora. También hay cientos de estatuas de caballos, carruajes y hasta acróbatas.

En la tierra, las estatuas tienen un color brillante, pero se vuelven grises con el aire.

EL EMPERADOR YA NO QUIERE ESTATUAS. ¡ENTIÉRRENLAS!

PARTES DEL CUERPO Y CUERPOS PARTIDOS

☠ Por casi 30 años después de la decapitación de sir Walter Raleigh en 1618, su esposa, Elizabeth, conservó su cabeza en una bolsa de cuero rojo.

> ESTOY SEGURA DE QUE POR AQUÍ ESTÁ MI MONEDERO. ¡UPS!

☠ La Colección de Cerebros Wilder tiene más de 70 cerebros completos de personas muertas, los cuales se conservan y almacenan en la Universidad de Cornell, EE. UU.

☠ En 2010, el Museo de Historia de la Ciencia, en Florencia, Italia, exhibió un diente, un dedo y un pulgar pertenecientes al gran científico y pionero del telescopio, Galileo. Fueron descubiertos apenas en 2009, cuando un corredor de arte, Alberto Bruschi, compró una vieja caja de madera y los encontró dentro.

UNA HISTORIA TERRIBLEMENTE MORTAL

☠ La vejiga del biólogo italiano Lazzaro Spallanzani, quien murió en 1799, está todavía en exhibición en una sala de exposiciones médicas en la Universidad de Pavia en Italia.

¿CÓMO QUE LA PERDISTE?

☠ Badu Bonsu II, de la tribu Ahanta (en la actual Ghana), fue decapitado por soldados holandeses en 1838. Su cabeza desapareció y se creyó perdida hasta que, 150 años más tarde, se encontró conservada en un frasco en un museo holandés. En 2009, los miembros de la tribu Ahanta volaron desde África hasta Holanda para regresar la cabeza a Ghana.

LA CRIATURA MÁS ASESINA DEL MUNDO

¿Es un humano? ¿Un león? ¿Un tiburón? ¡No! Los mosquitos tienen el título de la criatura más asesina. Éstos portan la malaria, enfermedad mortal que infecta a unos 500 millones de personas al año; entre 500 000 y 1 000 000 de personas mueren anualmente.

PASATIEMPO MORTAL

No importa cuán inocente pueda parecer un pasatiempo, las cosas a veces pueden salir mal de la manera más mortal.

Audiencia accidentada

Los antiguos gladiadores romanos a menudo luchaban hasta la muerte, pero a veces verlos también era un peligro. En el año 27 a. C., un antiguo anfiteatro romano se derrumbó en Fidenas, Italia. De los 50 000 asistentes, 20 000 murieron.

¿YA NOS VAMOS ENTONCES?

EL SHOW DEBE CONTINUAR

En 1958 se filmaba y transmitía en vivo una serie de televisión, cuando uno de los actores, Gareth Jones, murió entre escenas. Fuera de cámara, el director garabateó furiosamente sobre los guiones, dando las líneas restantes del actor a otros miembros del elenco para que el espectáculo continuara.

Una muerte teatral

Abraham Lincoln fue el primer presidente de Estados Unidos en ser asesinado. Le dispararon, en 1865, mientras presenciaba una obra en un teatro de Washington, D. C.

Bala perdida

Chung Ling Soo era conocido como "el maravilloso brujo chino". No era chino, sino un actor estadounidense que fingía no hablar inglés. Cuando estaba en el escenario en 1918, su truco de atrapar balas salió desastrosamente mal y murió por una herida de bala al día siguiente.

105

EL TREN DE LOS MUERTOS

En 1854, los vehículos tirados por caballos llenaban las calles de Londres, Inglaterra. La compañía Necrópolis construyó una estación especial cerca de la estación de Waterloo. Sus trenes llevaban cadáveres y dolientes al cementerio más grande del mundo en ese momento, en Brookwood, Surrey, a 40 km del centro de Londres.

Había máquinas de boletos dentro de la estación para que los dolientes compraran viajes de regreso en el tren. Los boletos del ataúd especial para el cadáver eran, por supuesto, ¡sólo de ida!

BEBEDORES DE SANGRE

Los vampiros con colmillos y capas sólo viven en libros y películas, pero algunas historias de gente que bebe sangre son espantosamente reales.

¡YOMI!

☠ Los antiguos escitas vivieron en un área que incluye el sur de Rusia y Ucrania. Se dice que bebían la sangre del primer enemigo muerto en batalla.

PERDÓN, CHICOS, ÓRDENES MÉDICAS.

☠ Celso, un antiguo erudito romano, escribió un libro médico llamado *De Medicina*. En él afirmaba que la epilepsia podría curarse si el paciente bebía la sangre de un gladiador muerto.

☠ En 1492, el papa Inocencio VIII estaba muy enfermo. Sus médicos le aconsejaron beber la sangre de tres niños. Tanto él como los tres muchachos murieron poco después.

☠ Algunos antiguos romanos también creían que beber la sangre de los gladiadores caídos les daría fuerza.

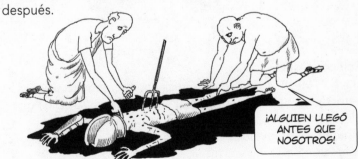

¡ALGUIEN LLEGÓ ANTES QUE NOSOTROS!

PENAS DE MUERTE

Ley letal

El primer registro de criminales condenados a muerte se encontró en el código de Hammurabi, rey de Babilonia, escrito hace más de 3 750 años. Los delitos castigados con la muerte incluían robar y acusar falsamente a alguien de un crimen.

Por compasión

Hace 2 700 años, en Atenas, Grecia, una serie de leyes muy estricta imponía la muerte para muchos delitos. Se dice que el hombre que hizo estas leyes, Dracón, murió cuando lugareños agradecidos lo bañaron con ropa y mantos, ¡y lo sofocaron hasta la muerte!

¡Cuidado, robaconejos!

En Gran Bretaña, en el siglo XVIII, había una asombrosa lista de 222 crímenes que se castigaban con la pena de muerte. Éstos incluían talar un árbol, falsificar timbres fiscales ¡y robar una madriguera de conejo!

Castigo capital

En 1612, el gobernador de los colonos británicos en la colonia de Virginia, en América del Norte (los actuales Estados Unidos), trajo nuevas y estrictas leyes, incluyendo la pena de muerte para delitos como robar hierbas o uvas, negociar con los nativos americanos y hablar indecorosamente.

ARMAS RARAS DE LA PRIMERA GUERRA MUNDIAL

El cañón gigante de París fue un arma masiva de la Primera Guerra Mundial. Medía más de 40 m de largo, y las balas que disparaba pesaban 120 kg. El arma era tan poderosa que, aunque se colocó a 100 km de París, sus proyectiles alcanzaron la ciudad, causando más de 250 muertes.

ARMAS DE LA SEGUNDA GUERRA MUNDIAL AÚN MÁS RARAS

☠ Durante la Segunda Guerra Mundial, el ejército soviético intentó entrenar perros para colocar minas antitanque bajo los tanques alemanes. El plan era que la mina hiciera explotar el tanque enemigo y, por desgracia, al perro junto con él; pero las cosas no salieron así. Cuando los soltaron en el campo de batalla, muchos de los perros simplemente corrieron lejos ¡o hacia los tanques soviéticos más cercanos!

☠ El *Yokosuka MVQ-7 Okha* era una pequeña aeronave japonesa propulsada por un cohete, diseñada como una bomba voladora. Los pilotos dirigían el avión hacia buques de guerra de Estados Unidos. Una misión suicida de éstas ayudó a hundir el buque de guerra *USS Mannert L. Abele*.

☠ El Krummlauf, que significa "cañón curvo", era un cañón doblado acoplado a un rifle de asalto alemán Sturmgewehr 44, para que los soldados pudieran disparar en curva.

☠ Un plan estadounidense verdaderamente absurdo en la Segunda Guerra Mundial fue soltar un montón de murciélagos mexicanos, cada uno equipado con una bomba "incendiaria", sobre las ciudades de madera en gran parte de Japón. Las bombas se detonarían con temporizadores después de que los murciélagos aterrizaran. Las pruebas fueron realizadas por la Fuerza Aérea y la Marina, pero el plan alado nunca vio la luz.

RUEDAN LAS RUEDAS DE LA CARROZA

Una carroza es un vehículo especialmente adaptado para llevar un cuerpo a su entierro o cremación. Un vehículo poco común usado como coche fúnebre fue un autobús de dos pisos Routemaster 1965, en Londres. Tiene lugar para el ataúd abajo y 40 dolientes arriba.

Curiosamente, el hombre que introdujo los autobuses de Londres (u omnibuses, como se llamaban entonces), George Shillibeer, se convirtió en funerario cuando las compañías rivales lo sacaron del negocio de autobuses. Se dice que también convirtió sus autobuses tirados por caballos en carrozas fúnebres.

DING-DONG ¡NO ESTOY MUERTO!

En el siglo XIX, muchas personas temían ser enterradas vivas. Entonces se diseñaron ingeniosas ideas para asegurarse de que la gente de verdad estuviera muerta al ser enterrada.

¿CÓMO QUE TE DESENTERREMOS DE NUEVO?

¡Ding! ¡Ding!

☠ Un noble ruso, el conde Karnice-Karnicki, desarrolló un nuevo tipo de ataúd en 1897. Cualquier movimiento del cadáver dispararía un resorte, que abriría un conducto de aire, encendería una luz, izaría una bandera y tocaría el timbre en el cementerio.

☠ En 1868, Franz Vester, de Nueva Jersey, EE. UU., inventó un dispositivo que incluía una campana para pedir ayuda y una escalera para que el no-muerto subiera a un área de seguridad.

☠ En el Reino Unido, William Tebb y otros formaron la Sociedad para la Prevención de Personas Enterradas Vivas. Alentó a la gente para enterrar palancas, palas y campanas en sus tumbas para que, en caso de estar vivas, pudieran salir.

☠ En el siglo XIX, en algunas partes de Alemania se utilizaba un método más sencillo. Las personas muertas eran colocadas en una Leichenhaus (una "casa para cadáver") y atadas a una campana con un cable. Si el cadáver se movía, sonaba la campana. El siniestro trabajo del personal era esperar unos días por si había signos de vida; después se enterraba al muerto definitivamente. En algunas funerarias, y por un módico precio, el público podía ver la espeluznante escena.

¡BOLETOS PARA LA LEICHENHAUS!

¡PARECE QUE HOY HABRÁ BUEN SHOW!

EJECUCIONES ATROCES

Si vas a ser ejecutado y no hay escapatoria, necesitas un verdugo calificado. Un decapitador torpe o ahorcador inútil es impensable…

☠ La decapitación por espada o hacha era un método rápido de ejecución…, a menos que el hacha no tuviera filo o el ejecutor fuera un aficionado. En 1541, fueron necesarios varios golpes con el hacha para matar a Margaret Pole, la condesa de Salisbury.

☠ En 1811, William Townley fue condenado a la horca por robo en Gloucester, Inglaterra, pero más tarde las autoridades enviaron una carta para cancelar la ejecución. Por desgracia, fue enviada a Hereford en lugar de Gloucester. No había teléfonos ni coches en esos días, así que mandaron un jinete galopando a Gloucester. Llegó 20 minutos tarde; la ejecución había llegado a su fin… y él también.

BUENAS NOTICIAS, SEÑORA TOWNLEY, LO PERDONARON.

☠ En 1650, Anne Greene fue hallada culpable de asesinar a su hijo y condenada a muerte. Estuvo colgada durante 30 minutos en Oxford, Inglaterra, y parecía estar muerta. Sus amigos, quienes no querían que despertara más tarde bajo un cuchillo o enterrada, la golpearon fuerte para estar seguros. La pusieron en un ataúd y la llevaron con un médico para abrirla y examinarla, pero descubrieron que todavía respiraba. Ella se recuperó a los pocos días y fue indultada.

FUEGOS FATALES

Todos sabemos que los fuegos artificiales pueden ser peligrosos, pero un espectáculo organizado en mayo de 1770 fue verdaderamente mortal. Un cohete aterrizó entre la multitud que se había reunido en París para celebrar el matrimonio del rey francés Luis XVI con María Antonieta. La multitud corrió aterrorizada en estampida y 133 personas resultaron muertas en el tumulto.

TRES ENFERMEDADES MORTALES

Gripe española
Las epidemias de gripe ordinaria son bastante malas, pero ésta era una "pandemia", lo que significa que arrasó con el mundo. La enfermedad se llevó aproximadamente 25 millones de vidas.

Malaria
Ésta puede ser la enfermedad más mortífera de la historia; aún mata al menos a un millón de personas cada año. Los mosquitos pueden portar un parásito que ataca los glóbulos rojos. El parásito te mata lentamente si no es tratado.

Viruela
Esta enfermedad provoca horribles manchas en la piel y deja cicatrices desagradables; pero sólo si tienes la suerte de sobrevivir. La viruela ya ha sido erradicada, pero mató a mucha gente, incluido 95% de algunas poblaciones indígenas americanas cuando la enfermedad fue traída por los exploradores europeos.

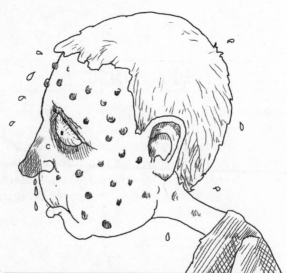

TODO SOBRE MI MUERTE

Nos va a pasar a todos, así que tal vez deberíamos leer sobre la muerte. Los primeros libros del tema fueron escritos hace muchísimo tiempo. Aquí están tres de los más famosos.

El Libro de los Muertos

Elaborado por primera vez por los escribas sobre rollos de papiro hace unos 3 500 años; esta antigua guía egipcia para la muerte contiene muchas ilustraciones y hechizos mágicos.

El Libro Tibetano de la Muerte

Esta colección de escritos de hace más de 1 200 años asesora a los budistas sobre cómo vivir sus vidas y acercarse a sus muertes.

Ars Moriendi

Su primera impresión fue en el siglo XV; este título se traduce como *El arte de morir*. Fue uno de los primeros libros impresos en Europa y daba consejos cristianos acerca de cómo vivir y cómo orar para tener una buena muerte.

ASALTOS ANIMALES

Más extraño que la ficción

Se dice que Esquilo, un antiguo dramaturgo griego, murió en 456 o 455 a. C. cuando un águila que lo sobrevolaba dejó caer una tortuga en su cabeza. Fue una suerte extraordinariamente mala para Esquilo… y para la tortuga.

Alimañas explosivas

Durante la Segunda Guerra Mundial, los miembros de la resistencia contra Alemania y sus aliados en Europa rellenaban ratas muertas con explosivos. El plan era poner las ratas en montones de carbón en las estaciones de tren; así, cuando fueran cargadas en la caldera de un tren de vapor, éste explotaría. Sin embargo, el plan fue frustrado por los alemanes la primera vez.

Una monada

El rey Alejandro I de Grecia murió de una infección en 1920, cuatro semanas después de ser mordido por un mono en los Jardines Reales de Atenas, donde había estado paseando a su perro.

DIJE QUE NECESITABA CADENAS MÁS RESISTENTES.

Justicia tamaño jumbo

Una elefanta de circo llamada María mató a su nuevo entrenador, Walter "Rojo" Eldridge, en 1916. Fue ejecutada por su crimen: la colgaron de una gran grúa ferroviaria en Erwin, Tennessee, justo al día siguiente.

HASTA LA TUMBA

Algunas personas han insistido en ser enterradas con posesiones que significaron mucho para ellos en vida.

☠ Cuando la heredera petrolera de 37 años, Sandra Ilene West, murió en 1977, fue enterrada en su Ferrari deportivo azul 330 América 1964. El coche entero fue encapsulado en una caja enterrada en el cementerio masónico Álamo en Texas, EE. UU.

☠ Reuben John Smith fue enterrado en 1899. Estaba sentado en una silla de roble y cuero, con un abrigo, un sombrero y un tablero de damas en su regazo.

☠ La reina Victoria fue enterrada con la bata de su marido muerto hacía tiempo, el príncipe Alberto, así como con un molde de yeso de su mano y un mechón de cabello de su siervo John Brown.

☠ Bela Lugosi, el actor de películas de terror, fue enterrado en 1956 con la capa negra que usó en la serie de películas de Drácula.

PARA LLEVAR

Algunos cuerpos se han desenterrado y mudado de lugar una y otra vez. El récord seguramente pertenece al presidente de Estados Unidos Abraham Lincoln, quien ha sido trasladado asombrosamente 17 veces.

¿OTRA VEZ? ¡NO!

☠ El rey Federico el Grande, de Prusia, pidió ser enterrado en su palacio de Sans Souci, pero lo enterraron en una iglesia en Potsdam, Alemania, en 1786. En 1943, su cuerpo fue trasladado primero a Berlín y luego a una mina de sal para mantenerlo a salvo durante la Segunda Guerra Mundial. Tras la guerra, se le enterró en el castillo de Hohenzollern, cerca de Stuttgart. Finalmente, en 1991, fue enterrado en su palacio de Sans Souci.

☠ Eva Perón, esposa de un presidente de Argentina, murió en 1952. Su cuerpo fue conservado y exhibido en su país antes de que desapareciera misteriosamente. En 1971, se reveló que había sido llevada a Italia en secreto, y enterrada en Milán. El cuerpo fue trasladado luego a España, y en 1974, volvió a Argentina. ¡Ésas son muchas millas de viajero!

CINCO SITIOS MORTÍFEROS

1. El Mar Muerto, Israel y Jordania

Este cuerpo de agua merece su nombre por ser diez veces más salado que cualquier otro mar. Sólo algunas bacterias son capaces de vivir allí.

2. Valle de la Muerte, Arizona, EE. UU.

El Valle de la Muerte es el lugar más seco y más caliente de América del Norte. En 1849, los viajeros que iban hacia los campos del oro de California padecieron dos meses de "hambre y sed, y un terrible silencio" allí. Cuando salieron, uno miró hacia atrás y dijo: "Adiós, valle de la muerte". El nombre pegó.

3. Costa de los Esqueletos, Namibia

Esta costa está llena de huesos de ballenas y restos de naufragios. Rocas, niebla, vientos y fuertes corrientes lo hacen un lugar letal para animales y humanos.

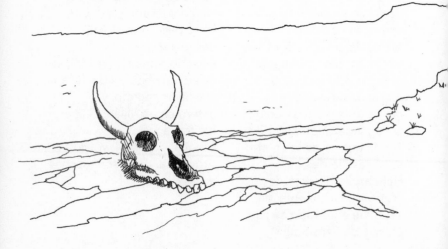

4. Tombstone, Arizona, EE. UU.

Esta ciudad desértica surgió por el descubrimiento de plata. Pronto logró una reputación como uno de los lugares más salvajes del lejano oeste, y muchos gambusinos y vaqueros terminaron en sus cementerios.

5. Isla del Asesinato, Nueva Escocia, Canadá

Hay muchas historias diferentes sobre las razones para el nombre de esta pequeña isla. Cualquiera que sea la verdad, no hay duda de que en el siglo pasado a menudo se encontraban huesos humanos blanqueados en las playas pedregosas.

ÚLTIMAS PALABRAS BRILLANTES (QUIZÁ)

Albert Einstein, uno de los científicos más brillantes que jamás hayan existido, murmuró unas palabras en su lecho de muerte. Pueden haber sido increíbles, pero nunca lo sabremos. Habló en su lengua materna, alemán, y su enfermera estadounidense no entendió ni una palabra.

HISTORIAS CADAVÉRICAS

☠ Un cráneo humano adulto está compuesto por 22 huesos diferentes, pero cuando nace un bebé los huesos no están completamente formados y tienen áreas suaves entre ellos, llamadas fontanelas. Conforme la cabeza del bebé crece, los huesos se unen y los puntos blandos desaparecen, generalmente a los dos años.

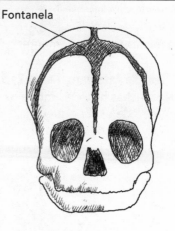

Fontanela

¡SALUD!

☠ En el siglo xv, la gente de la isla de Sumatra utilizaba cráneos humanos como moneda para comprar mercancías.

☠ Los cráneos encontrados en la Cueva de Gough en Somerset, Inglaterra, fueron cincelados para hacer copas. Se cree que tienen casi 15 000 años de antigüedad.

☠ El pianista polaco André Tchaikovsky murió en 1982, pero su último deseo se cumplió en 2008 cuando su cráneo fue utilizado por el actor David Tennant en una representación de la obra *Hamlet* de la Royal Shakespeare Company.

☠ El pueblo Asmat de Nueva Guinea una vez creyó en mantener a sus seres más cercanos y queridos cerca de ellos. Algunos hijos utilizaban los cráneos de sus padres muertos como almohadas; en la actualidad son más habituales las almohadas de madera.

☠ En Bolivia, durante la tradicional fiesta de las Ñatitas, la gente decora cráneos con flores y pinturas. Pueden usar el cráneo de un ser amado o tomar uno de una tumba que ya nadie visita. Se cree que los cráneos ofrecen protección contra los malos espíritus y la mala suerte.

CIENCIA SERIAMENTE PELIGROSA

☠ El brillante químico Carl Scheele fue el descubridor del oxígeno y también el primero en identificar los elementos manganeso, cloro y tungsteno. Tendía a probar sus nuevos descubrimientos, lo cual pudo haber sido imprudente, ya que se cree que murió por envenenamiento de mercurio y plomo en 1786.

☠ Georg Wilhelm Richmann fue de los primeros estudiosos de la electricidad. Desafortunadamente, mientras examinaba un experimento eléctrico durante una tormenta en 1753, fue golpeado por un rayo que viajó a través de sus órganos y lo mató instantáneamente.

☠ La científica ganadora del premio Nobel, Marie Curie, pasó gran parte de su vida trabajando con materiales radiactivos. Murió de leucemia en 1934, y se cree que ésta fue causada por exposición a la radiación.

☠ El doctor y revolucionario ruso Alexander Bogdanov estaba experimentando con transfusiones de sangre cuando, en 1928, se transfundió sangre de un estudiante que tenía malaria y tuberculosis. Murió poco después.

☠ El famoso científico y pensador Francis Bacon murió en 1626 después de un intento pionero para conservar alimentos congelándolos. Pasó tanto tiempo a la intemperie rellenando un pollo con nieve, que contrajo neumonía y murió una semana después.

MUERTES TONTAS, TONTAS

☠ Atila el Huno fue el guerrero más temido de su época, pero una historia dice que murió en su noche de bodas en el año 453 (ya tenía varias esposas), después de haber bebido demasiado alcohol. Sufrió una hemorragia nasal y, demasiado borracho para notarlo, se ahogó con su sangre.

☠ Martín de Aragón gobernó no sólo Aragón, en España, sino también las islas de Cerdeña, Córcega y Sicilia, y era conde de Barcelona. Se dice que murió en 1410 de un ataque de risa fatal combinado con una severa indigestión.

☠ Milón de Crotona ganó la competencia de lucha libre en cinco Juegos Olímpicos antiguos y fue reconocido por su enorme fuerza… pero no por su cerebro. Encontró un tronco de árbol dividido con cuñas y puso sus manos en el boquete para intentar partir el tronco en dos; las cuñas se cayeron y Milón quedó atrapado en el tronco. Incapaz de escapar, fue devorado por una manada de lobos.

¿MAL DÍA?

☠ Clement Vallandigham fue congresista y abogado en Estados Unidos. Mientras defendía a Thomas McGehan por asesinato, Vallandigham demostró a la corte cómo pudo haber sido un disparo accidental. Sacó su arma, pensando que estaba descargada, y apretó el gatillo. La pistola se disparó y lo hirió, pero el abogado demostró su argumento. McGehan fue puesto en libertad. Vallandigham no fue tan afortunado: murió por sus heridas.

☠ El famoso fabricante de bourbon Jack Daniels pateó su caja fuerte metálica con enojo cuando no pudo abrirla. Su dedo gordo se infectó y después se propagó la infección, que lo mató en 1911.

☠ El antiguo filósofo griego, Crisipo, murió en el año 207 a. C. Hay varias historias sobre esto. Unos dicen que emborrachó a su burro y murió de la risa al verlo tratar de comer higos.

ASESINATO MISTERIOSO #3

Jack el Destripador

Entre 1888 y 1891, una aterradora serie de asesinatos conmocionó al Londres victoriano. Todas las víctimas eran mujeres, y sus cuerpos fueron cortados y abiertos, posiblemente por una persona con formación médica.

Hubo muchos rumores sobre el asesino desconocido. Algunos dijeron que era un rico aristócrata del más alto nivel de la sociedad británica, quizás incluso un miembro de la familia real.

Se ha escrito más de un centenar de libros sobre el tema, y muchos expertos han examinado las pruebas pero, hasta la fecha, la identidad del verdadero Jack el Destripador nunca ha sido revelada.

¿BALA O RESORTE?

El 2 de julio de 1881, un magnicida le disparó al presidente estadounidense James Garfield. No murió de inmediato, y todo habría estado bien si le hubieran encontrado y extirpado la bala. Alexander Graham Bell, el ya famoso inventor, construyó un detector de metales y se apresuró a utilizarlo.

Por desgracia, la máquina no funcionaba correctamente; algunos dicen que no diferenciaba entre las balas, los resortes de la cama y la cabecera; otros afirman que el médico del presidente no permitió al inventor hacer una búsqueda exhaustiva. El desafortunado Garfield se mantuvo así durante 80 días, antes de morir por complicaciones de una infección en la sangre.

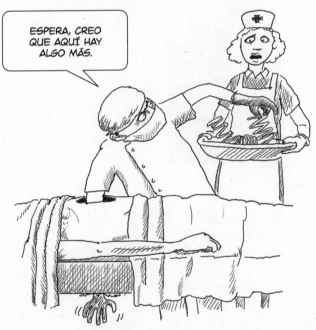

PELIGRO TRABAJANDO

Algunos trabajos resultan ser más sangrientos, horripilantes o peligrosos que otros.

Arzobispo

¿Un trabajo interior, tranquilo y seguro? No si eras arzobispo en la Rusia del siglo XVI, con Iván el Terrible en el trono. Se dice que en 1570, el arzobispo Pimen de Nóvgorod fue metido dentro de una piel de oso y asesinado por una jauría de perros de caza.

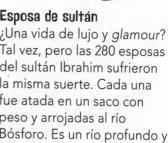

Esposa de sultán

¿Una vida de lujo y *glamour*? Tal vez, pero las 280 esposas del sultán Ibrahim sufrieron la misma suerte. Cada una fue atada en un saco con peso y arrojadas al río Bósforo. Es un río profundo y ninguna de ellas sobrevivió.

Astrónomo

Un trabajo nocturno y tranquilo, una apuesta segura, ¿verdad? No para Hsi y Ho, dos antiguos astrónomos chinos. Fallaron al predecir un eclipse solar en el siglo XXII a. C. y fueron decapitados bajo las órdenes del emperador Chung K'ang.

Sirviente de una reina

Protegidos por guardias del palacio, sin duda una situación
segura… No si Cleopatra de Egipto era la reina en cuestión.
Ella investigaba venenos y los probaba en los prisioneros que
habían sido condenados a muerte. Cuando decidió
suicidarse por una mordedura de serpiente venenosa,
ordenó a algunos sirvientes suicidarse, o morir ejecutados.

El mejor trabajo

Así que tal vez lo único seguro es un trabajo en la cima:
gobernante. Bueno, no necesariamente. En 2011, un
profesor de la Universidad de Cambridge estudió las
vidas y muertes de 1 513 gobernantes europeos entre el
año 600 y 1800, y descubrió que casi una cuarta parte
tuvo una muerte violenta, en su mayoría por asesinato.

¡CUIDADO! PELIGRO DE MUERTE

Hay miles de reglas y regulaciones para mantenernos a salvo de los accidentes mortales. Aquí están algunas advertencias que tal vez deberían haberse dado.

¡Cuidado con las devoluciones!

Christiana Edmunds compraba chocolates en una tienda en Brighton, Inglaterra, los envenenaba con estricnina y luego los devolvía. ¿Nadie pensó que era raro? Muchas personas enfermaron gravemente y un niño de cuatro años falleció. Edmunds fue juzgada en 1872 y encerrada en un manicomio por el resto de su vida.

OH, SEÑORITA EDMUNDS, ¿ÉSTOS TAMPOCO LE GUSTARON?

NO PUEDES USAR ESTO, ES UN PELIGRO PARA LA SALUD.

Siempre usa calcetines

Calvin Coolidge júnior, el hijo de 15 años del presidente estadounidense Calvin Coolidge, jugaba tenis con su hermano en junio de 1924. Llevaba tenis sin calcetines y le salió una ampolla que, más tarde, se infectó. Ocho días después del partido de tenis, murió por envenenamiento de la sangre.

¡Fíjate con quién te casas!

En la Roma del siglo XVII, la adivina Hieronyma Spara formó una organización secreta para ayudar a las mujeres a envenenar a sus maridos ricos con arsénico y así heredar su dinero. Finalmente fue capturada y ahorcada.

¡No te cuelgues!

Isadora Duncan era una bailarina a la que le gustaba ser audaz y dramática. En 1927, subió a un convertible y, como siempre, se despidió con las palabras, "¡Adiós, amigos! ¡Voy hacia la gloria!". Segundos más tarde, murió cuando su larga bufanda se enredó en una llanta y le rompió el cuello.

Peligro poético

Según la leyenda, el antiguo poeta chino Li Bai (también conocido como Li Po) cayó de su barco y se ahogó en el río Yangtsé en el año 762, mientras intentaba abrazar y besar el bello reflejo de la Luna en el agua.

LOS DETALLES ASESINOS

Algunos asesinatos se hacen muy famosos; la gente quiere oír todos los detalles escabrosos. Un asesinato así ocurrió en Suffolk, Inglaterra.

El 18 de mayo de 1827, una joven llamada María Marten salió de casa para encontrarse con su novio, William Corder. Nunca más fue vista con vida.

Pasaron semanas y meses, y el padre, la hermana y la madrastra de María se preocuparon. No era normal que estuviera fuera tanto tiempo, sobre todo porque tenía un niño pequeño en casa. William Corder escribió a su familia, diciendo que ella estaba bien y que se habían casado. La familia sospechaba cada vez más. Ni una palabra de parte de María.

Casi un año después de la desaparición de María, su madrastra afirmó que tuvo un sueño en el que ésta había sido asesinada y enterrada en el granero rojo cercano. Estaba tan segura de que su sueño era cierto que persuadió a su marido de ir a buscarla. Efectivamente, encontraron el cuerpo de María en una tumba poco profunda.

William Corder fue encontrado y arrestado en Londres. Lo enjuiciaron y lo condenaron a muerte. Después de ser ahorcado, con miles de personas mirando, su cuerpo fue abierto y puesto en exhibición. Posteriormente, se escribió un libro sobre el asesinato que fue forrado con piel del propio Corder; todavía puede verse en un museo en Bury St. Edmunds, Suffolk, donde fue ahorcado Corder.

En cuanto al granero rojo, casi fue demolido por los turistas, que se llevaban trozos como *souvenirs*.

ENVENENAMIENTO EN EL TIEMPO

El muerto al pozo...

Algunos griegos taimados que atacaban la ciudad de Kirra,
por ahí del año 590 a. C., envenenaban los pozos que
abastecían el agua. Usaron una planta venenosa: el eléboro.
Los habitantes enfermaron tanto que fue fácil derrotarlos.

Los antiguos asirios utilizaban un hongo llamado cornezuelo
para envenenar pozos enemigos en el siglo VI a. C. El hongo
hacía a las personas sufrir alucinaciones y morir.

Problema venenoso

Mitrídates VI fue el gobernante de un reino en Turquía del norte. Temía tanto ser envenenado, que empezó a tomar un antídoto todos los días para tratar de hacerse inmune.

Cuando fue derrotado por los romanos en el año 63 a. C., tontamente intentó suicidarse tomando veneno. No hace falta decirlo, fracasó. Tuvo que obligar a uno de sus propios soldados a que lo matara.

PROBLEMAS EN EL BAÑO

Según la leyenda, Edmundo II de Inglaterra fue asesinado en 1016 cuando su atacante se escondió debajo de él en el baño y lo apuñaló, quizá con una daga o un palo de madera afilado. ¡Auch!

Jorge II, un viejo rey de Inglaterra, murió en 1760 al reventársele un vaso sanguíneo mientras estaba sentado en el inodoro, o al caerse, nadie sabe con seguridad.

El emperador romano Caracalla fue apuñalado a muerte con una espada en el año 217, después de bajar de su caballo para orinar.

CADÁVER ESCALOFRIANTE

Giovanni Aldini electrificó a los espectadores en 1803, cuando hizo que el cadáver de un asesino, George Forster, aparentemente volviera a la vida. Aldini había conectado el cuerpo a una batería de 120 voltios; Forster apretó el puño, movió las piernas y su mandíbula se estremeció. Muy pocas personas habían visto la electricidad en acción antes.

El espeluznante experimento de Aldini pudo haber estado en la mente de Mary Shelley 12 años más tarde, cuando empezó a escribir *Frankenstein*.

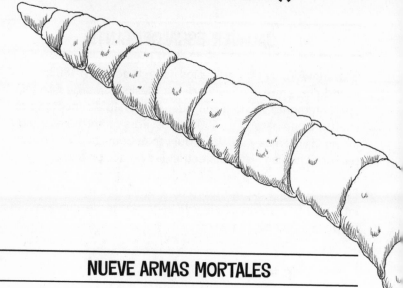

NUEVE ARMAS MORTALES

Lo creas o no, todas estas cosas se han utilizado para cometer un asesinato:

☠ Una tortuga mascota

☠ Una punta de paraguas envenenada

☠ Una pistola escondida en un lápiz labial

☠ Una podadora

☠ Un termómetro

☠ Un sacacorchos

☠ Un celular equipado con una bomba

☠ Una pistola de clavos

☠ Un tablero de ajedrez

¡RECUPERADO!

El poeta y pintor Dante Gabriel Rossetti quedó devastado cuando murió su esposa Elizabeth en 1862. Antes de que fuera enterrada en el cementerio de Highgate, Londres, tiernamente colocó en su ataúd una copia manuscrita de algunos poemas que iba a llevar a publicar. Siete años más tarde, Rossetti cambió de opinión, exhumó el féretro y sacó los poemas para publicarlos en un libro en 1870.

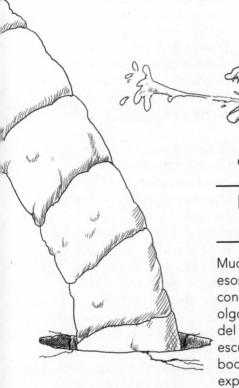

EL GUSANO MONGOL DE LA MUERTE

Muchos mongoles creen que esos gusanos asesinos gigantes, conocidos localmente como olgoi-khorkhoi, viven en el sur del desierto de Gobi y pueden escupir veneno mortal de sus bocas. Hasta ahora varias expediciones han ido a Gobi y no han podido ver o capturar a alguna de las criaturas de 1.5 m de largo.

EXTREMOS PEGAJOSOS

Introducir un palo o lanza a través de una parte del cuerpo se llama empalar. A través de los años, muchas personas parecen haber encontrado atractiva esa idea.

☠ Hace alrededor de 3 000 años, los padres de niños que morían en el norte de Escocia llevaban sus restos a la Cueva del Escultor, cerca de Lossiemouth. Muchas de las cabezas de los niños fueron colocadas en palos dentro de la cueva, a la cual sólo se llega con la marea baja.

☠ El líder inglés del siglo XVII, Oliver Cromwell, murió de causas naturales en 1658, pero tres años más tarde su cuerpo fue desenterrado y colgado como un traidor. Su cabeza fue cortada y colocada en una lanza fuera del Westminster Hall, donde se mantuvo durante casi 20 años.

☠ El jefe nativo americano Metacomet fue ejecutado en 1676 por los colonos europeos. Su cabeza fue exhibida en un palo en Plymouth, Massachusetts, por alrededor de 20 años.

☠ Vlad III Dracul, príncipe de Valaquia (1431–1476), es a veces llamado Vlad el Empalador. ¡No es de extrañar! Era conocido por matar en formas desagradables y sobre todo le gustaba empalar cuerpos en lanzas para asustar a los enemigos. Sus oscuros actos pueden haber sido lo que inspiró a Bram Stoker para escribir la máxima historia de vampiros: *Drácula*.

MUSEO MACABRO

El Musée Fragonard es un museo en París, Francia, que muestra algunos de los trabajos de Honoré Fragonard. Hizo modelos utilizando animales muertos y personas que habían sido despellejadas, y los colocó en diferentes posiciones. Una de sus obras más famosas es *El Jinete del Apocalipsis:* un hombre desollado montando un caballo sin piel.

PRIMICIAS FATALES

1785: Primera muerte en globo

Jean-François Pilâtre de Rozier fue el primer aeronauta de globos de aire caliente al pilotar un globo de los hermanos Montgolfier en 1783. Dos años más tarde, el primer aeronauta en morir al tratar de volar a través del Canal de La Mancha.

1830: Primera muerte en ferrocarril

William Huskisson era miembro del Parlamento Británico y un invitado a la inauguración de la línea de ferrocarril de Manchester-Liverpool. Por desgracia, cayó bajo las ruedas del tren y murió nueve horas más tarde.

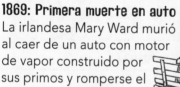

1869: Primera muerte en auto

La irlandesa Mary Ward murió al caer de un auto con motor de vapor construido por sus primos y romperse el cuello.

1890: Primera muerte en la silla eléctrica

William Kemmler, declarado culpable de asesinar con un hacha a su novia Matilda Ziegler, se convirtió en la primera persona en ser ejecutada en la silla eléctrica en la prisión de Auburn, en Nueva York.

1904: Primera muerte por radiación

Clarence Madison Dally, ayudante del gran inventor Thomas Edison, experimentaba con rayos X extremadamente poderosos. Se le cayó el pelo y el bigote, y sus brazos estaban tan dañados que tuvieron que amputarlos. Más tarde murió de cáncer causado por la radiación.

¡NO! ¡EL BIGOTE NO!

1908: Primera muerte de un pasajero de avión

Orville Wright fue el primer hombre en volar en un avión con mecanismo en 1903. Cinco años más tarde, realizaba un vuelo de prueba con un pasajero, el teniente Thomas Selfridge, cuando el avión perdió el control y cayó en picada desde casi 25 m. Wright sobrevivió, pero su acompañante no.

¿ENTONCES CÓMO BAJAMOS, MÍSTER WRIGHT?

POLVO ERES...

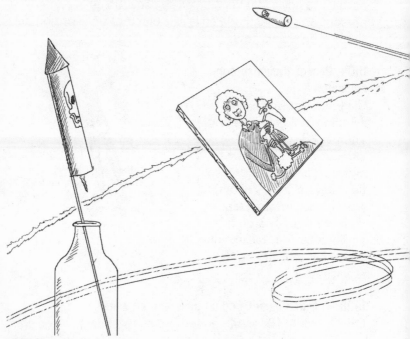

Después de la cremación, tus cenizas pueden ser enterradas… o convertirse en algo espectacular.

☠ La última petición de Mark Gruenwald, escritor de Marvel Comics, fue que sus cenizas se mezclaran con tinta y fueran utilizadas para imprimir libros de historietas. Su deseo se realizó y se convirtió en parte de un cómic llamado *Escuadrón Supremo*.

☠ Una empresa estadounidense toma unos 500 g de cenizas cremadas y hace 250 balas con ellas. Así, los seres queridos pueden despedirlos con disparos de rifles, escopetas y otras armas.

☠ Para aquellos que quieran elevarse en un glorioso destello, una empresa de fuegos artificiales pondrá las cenizas cremadas de una persona en cuatro o más cohetes para un espectáculo destellante.

☠ Un artista en Estados Unidos crea retratos de personas y mascotas con restos de sus cenizas mezclados con pintura.

☠ Otra compañía calienta cenizas cremadas o un mechón de pelo bajo presión y crea un diamante artificial.

☠ Las cenizas de Ed Headrick, pionero del Frisbee®, se mezclaron con plástico y fueron utilizadas para hacer una edición limitada en su memoria.

MOMIFÍCATE TÚ MISMO

Cuando los antiguos egipcios hacían momias (ver página 14), comenzaban por quitar las entrañas del cuerpo, ya que es lo primero que se descompone (por putrefacción). Los científicos quedaron pasmados al descubrir que algunas momias en Japón todavía tenían sus órganos internos. ¿La razón? ¡Eran monjes budistas que se momificaron solos mientras aún estaban vivos!

Esto fue lo que hicieron:

1. Durante mil días, el monje sólo comía semillas y nueces; se ponía muy delgado. La idea era deshacerse de la grasa corporal, la cual, se sabía, tendía a descomponerse rápidamente después de la muerte.

2. Los siguientes mil días, el monje comía sólo pedazos de corteza de pino y raíces. Al final de este periodo, empezaba a beber un té especial hecho del árbol urushi; era un veneno que ponía al monje muy enfermo, pero también significaba que todo su cuerpo era venenoso, y así los insectos no querrían comerlo después de muerto.

¡UGH! ¡NO COMAS ESO!

3. En la última etapa, el monje, que era sólo piel y huesos y tenía a la muerte muy cerca, era puesto en una tumba subterránea. Le daban una campana y un popote para respirar. Cada día, el monje sonaba la campana. Cuando la tumba quedaba en silencio, sus hermanos monjes sabían que había muerto y sellaban el orificio de respiración.

4. Mil días más tarde, los otros monjes abrían la tumba. La mayor parte del tiempo encontraban esqueletos. En algunas ocasiones, encontraban un cuerpo momificado, que luego era vestido con ropas finas y puesto en un santuario para ser adorado. Creían que el monje había logrado hacerse uno con Buda y estaba santificado.

MASACRES MILITARES

☠ En 1642, China estaba en medio de una guerra civil. La ciudad de Kaifeng, a la orilla del río Huang, estaba sitiada por los rebeldes liderados por Li Zicheng. Con la esperanza de romper el sitio, el gobernador de la ciudad ordenó destruir las presas que retenían las aguas del río; pero la gigantesca inundación destruyó la ciudad, y se dice que mató a 300 000 personas.

☠ Carlomagno, rey de los francos, estaba tan molesto por una rebelión de anglosajones en el año 782, que se dice que decapitó a 4 500 de sus enemigos en un solo día.

☠ Durante la guerra anglo-afgana (1839-1842), fuerzas del Ejército Británico, con 4 500 tropas y 12 000 trabajadores, partieron de Kabul a Jalalabad, a 150 km. Oleadas de ataques de las fuerzas afganas arrasaron con ellos, y sólo un hombre, un ayudante cirujano llamado William Brydon, sobrevivió.

☠ El caudillo asiático, Timur, asedió la ciudad de Sivas, en Turquía, en 1401. Prometió no derramar sangre si los defensores de la ciudad se rendían. Cuando lo hicieron, mandó enterrar vivos a más de 3 000 soldados de la ciudad. No hubo sangre derramada, pero todos ellos murieron.

RESTOS RUSOS

Muriendo... Muriendo... Muertos

Un hombre grande, con pelo rebelde, una barba larga y el hábito de comer con los dedos, Grigori Rasputín no parecía el tipo de persona con la que la familia real rusa quisiera estar.

Sin embargo, Rasputín, a veces llamado "El monje loco", tenía muchos fans como santo con poderes curativos. Alexei, el único hijo varón del zar Nicolás II, se enfermaba a menudo, y Rasputín parecía ayudarle.

A otros no les gustaba la influencia creciente de Rasputín, y el príncipe Yusopov decidió que debía morir. Eso no fue tan fácil como suena. Los informes sobre su muerte no son muy confiables, pero algunos dicen que...

... le dieron pasteles llenos de veneno

... le dispararon cuatro veces

... lo golpearon con palos

... y finalmente lo lanzaron hacia el helado río Neva.

Cuando su cuerpo fue encontrado tenía agua en los pulmones, lo que sugiere que pudo haber sobrevivido a tres intentos de asesinato... sólo para morir ahogado.

Las relaciones de los Romanov
Al zar Nicolás, a su esposa, a sus cuatro hijas y a su hijo no les fue mucho mejor. Cuando los bolcheviques derrocaron a la familia real, sus miembros fueron tomados prisioneros y asesinados en julio de 1918. No fue hasta 2008 que los científicos pudieron demostrar que toda la familia real murió. Varios parientes lejanos, incluyendo el príncipe Felipe, esposo de la reina Isabel II, dieron muestras de ADN para ayudar a identificar los restos.

¿CREES CONOCER A UN ZOMBI?

Un zombi es una persona muerta que ha sido revivida con magia, vudú o brujería. Afortunadamente, sólo aparecen en cómics y películas de terror, y a veces se les conoce como "no muertos". Si sospechas que uno de tus amigos es un zombi, he aquí varias señales que debes buscar.

1. Dejan de comer ensaladas y vegetales, y empiezan a amenazar con comer cerebros humanos.

2. Su piel es más pálida de lo normal.

3. Caminan arrastrando un poco los pies (sí, muchos adolescentes lo hacen, pero esto es más notorio y lento).

4. Tienen el 8 de octubre marcado en su calendario; ése es el Día del Zombi.

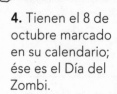

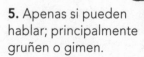

5. Apenas si pueden hablar; principalmente gruñen o gimen.

6. Tienen una marca de mordedura infectada en la piel; tal vez ésa sea la causa de su destino fatal.

7. Raramente se cepillan los dientes o usan desodorante, y huelen horrible.

8. Son incapaces de armar rompecabezas, crucigramas o cualquier otra actividad que requiera capacidad cerebral.

9. No duermen para nada.

10. Mueven los brazos y la cabeza sin coordinación, y tienen problemas con las cosas delicadas, como una aguja de coser.

HAZ TU PROPIO PAN DE MUERTO

El pan de muerto es dulce y está aromatizado con naranja; se hace tradicionalmente el 1° de noviembre para las celebraciones de Día de Muertos (ver página 100). Aquí tienes cómo hacer pan de muerto para disfrutar todo el año. Esta receta es para 7 deliciosos panes.

Necesitarás:

• ¼ de taza de leche • 60 g de mantequilla • ¼ de taza de agua tibia, y un poco más para rociar • 400 g de harina, y un poco más para amasar • 8 g (1 sobre) de levadura • 75 g de azúcar glass • 2 huevos batidos • la cáscara de 1 naranja (finamente rallada) • 2 cucharaditas de semillas de anís

1. En una sartén, calienta la leche y la mantequilla hasta que se derrita y se combine. Agrega el agua y deja entibiar.

Advertencia: Pídele a un adulto que te ayude a usar la estufa.

2. Mezcla ⅔ de taza de harina con toda la azúcar y la levadura en un tazón grande. Agrega la mezcla de mantequilla, leche, huevo, cáscara de naranja y anís.

3. Remueve, luego añade la harina restante y usa tus manos para mezclar todo hasta que se forme una masa suave.

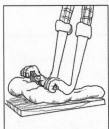

4. Coloca la masa sobre una superficie ligeramente enharinada. Usa la palma de tu mano para empujar la masa, luego estírala sobre sí misma antes de empujar de nuevo. Haz esto por un minuto.

5. Coloca la masa en el recipiente, cúbrela con una toalla limpia y deja que se eleve durante 90 minutos.

6. Coloca la masa levantada sobre una superficie enharinada y usa los dedos para sacar el aire.

7. Divide la masa en ocho porciones de igual tamaño y forma unas bolas con siete de ellas.

8. Toma pedacitos de la octava pieza de masa y hazlos como salchichas delgadas y pequeñas bolas con tus manos. Deben salir 14 salchichas delgadas y siete pequeñas bolas de masa.

9. Rocía los panes con unas gotas de agua; luego entrecruza dos formas de salchicha sobre cada uno, y corona con una pequeña bola de masa. Éstos son los huesos para el pan de muerto.

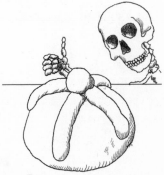

10. Deja que se eleven otra vez durante una hora, luego mételos en un horno precalentado (180 °C / 350 °F) por 20 minutos, hasta que estén dorados.

Tip. Pide ayuda a un adulto para calentar el jugo de media naranja con 25 g de azúcar glass (⅛ taza), hasta que el azúcar se disuelva. Unta este dulce barniz sobre tus panes para obtener un toque realmente delicioso.

¡CANÍBALES!

Comer humanos muertos parece horrible para la mayoría de nosotros, pero algunas personas tienen una visión diferente.

Fiesta familiar

La tribu Wari de la Amazonia solía practicar canibalismo con los miembros de su propio pueblo. Cuando una mujer moría, la familia del marido se daba un festín con sus restos.
Cuando la cultura Wari tuvo contacto con las costumbres modernas de Sudamérica y Europa, les horrorizó la idea de enterrar a un ser querido muerto en la tierra fría y sucia.

Comiendo con el enemigo

El marinero francés Joseph Kabris vivió con una tribu caníbal en la pacífica isla de Nuku Hiva entre 1796 y 1804. Informó que los prisioneros detenidos tras las batallas eran devorados. Parece que los ojos, las mejillas y los cerebros eran las partes favoritas.

Cenar o morir

Algunas personas han recurrido al canibalismo para sobrevivir en situaciones extremas. Cuatro marineros fueron abandonados en un bote salvavidas en el océano Índico después de que su yate, el *Mignonette*, se hundiera en 1884. Después de 19 días en el mar, dos de los marineros mataron al más joven, un grumete llamado Parker, y comieron partes de su cuerpo para sobrevivir. Fueron rescatados unos días más tarde.

MUERTE DERROTADA

Algunas personas se han recuperado milagrosamente cuando parecía que la muerte sería el único fin.

Fusilamiento fracasado

Wenceslao Moguel fue condenado a muerte por fusilamiento durante la Revolución Mexicana en 1915. Recibió nueve balazos de los pistoleros pero, sorprendentemente, aún estaba vivo. Fingió estar muerto hasta que se fue el escuadrón y logró escapar.

Descongelado

En 1985, un niño de dos años de edad, Michael Troche, fue encontrado congelado y rígido en las temperaturas bajo cero de Milwaukee, EE. UU. Había dejado de respirar, se habían formado cristales de hielo bajo su piel y un médico lo declaró muerto. Sin embargo, Michael finalmente volvió a la vida y se recuperó de maravilla.

Justo a tiempo

Magan Kanwat, de 72 años de edad, fue declarada muerta por un coágulo de sangre, y cuando su cuerpo estaba a punto de ser quemado en una pira funeraria, descubrieron que aún respiraba.

Aterrizaje feliz

Juliane Koepcke estaba a bordo de un avión que fue alcanzado por un rayo en 1971. El rayo destrozó el avión y mató a los 92 pasajeros y a la tripulación, excepto a Juliane, de 17 años de edad, quien cayó, sujeta a su asiento, unos 3 000 m antes de estrellarse en la selva amazónica. En estado de shock, con huesos rotos, sin comida e infecciones por picaduras de insectos, recorrió la selva durante nueve días antes de ser rescatada y recuperarse completamente.

ARMAS DE ASEDIO SINIESTRAS

Catapultas

Las utilizaron los antiguos griegos, romanos, chinos, y siguieron en acción en la época medieval. El largo brazo de una catapulta lanzaba pesadas piedras considerables distancias. También lanzaban cadáveres de personas o animales infectados con la peste para diseminar la enfermedad.

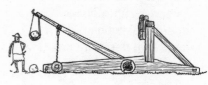

Trebuchet

Estas máquinas podían lanzar rocas de 100 kg hacia arriba y sobre los muros del castillo, para aplastar edificios y personas.

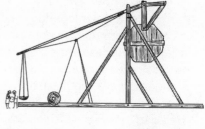

Balista

Esta ballesta gigante usaba pelos de animal firmemente trenzados para propulsar un arma. Los grandes dardos de madera o flechas a veces podían atravesar a dos personas a la vez.

Ariete

Los troncos de árboles gigantes, a menudo con una punta de hierro, se colgaban de cadenas para derribar los muros de un castillo. Los soldados o esclavos que hacían pivotar el tronco estaban en la línea de fuego directa de flechas o, peor aún, tinajas de aceite hirviendo, que el enemigo lanzaba a cántaros sobre ellos.

MUERTE A LOS ESPÍAS

La carrera de espía puede ser peligrosa. Cuando atrapan a un espía, las cosas bien pueden volverse mortales.

Perder la cabeza

La legendaria espía Mata Hari (nombre real: Margaretha Zelle) fue asesinada por un pelotón de fusilamiento. Las fuerzas francesas la ejecutaron en 1917, tras ser declarada culpable de espiar para los alemanes durante la Primera Guerra Mundial. Su cuerpo no fue reclamado por familiares y, durante un tiempo, su cabeza embalsamada fue almacenada en el Museo de Anatomía en París.

Elección mortal

Durante la Guerra de Independencia de Estados Unidos, el espía británico John André fue atrapado y condenado a muerte. Hizo una petición al general George Washington; no quería un indulto, sino ser asesinado por un pelotón de fusilamiento en lugar de la horca. Su solicitud fue denegada y lo colgaron en 1780.

BUENO, TE DISPARAREMOS DESPUÉS.

SMERSH

En la década de 1940, la Unión Soviética tenía una organización que pretendía erradicar espías extranjeros y soldados desleales en sus propios ejércitos, a menudo torturándolos y a veces matándolos si los encontraban. La organización era conocida como SMERSH, de la frase rusa *smert shpionam*, que significa "muerte a los espías".

Moneda asesina

Unos espías de Estados Unidos en el siglo XX estaban equipados con un "dólar de la muerte". Parecía una moneda ordinaria, pero era hueca; dentro había una pequeña pastilla o un alfiler con veneno letal. Si lo capturaban, el espía a menudo enfrentaba torturas, pues los captores trataban de averiguar qué sabía. La moneda daba al espía la opción del suicidio.

EXHIBICIÓN DE MUERTE

No sólo en el pasado lejano se han exhibido cadáveres. Aquí tienes algunos que pueden verse hoy en día.

☠ El líder de la Revolución Rusa en el siglo XX, Vladimir Ilyich Lenin, murió en 1924. Los embalsamadores rusos conservaron su cuerpo, que está en exhibición en un edificio especial en la Plaza Roja de Moscú. Cada semana, la piel de Lenin es exfoliada suavemente con lejía, y una vez cada 18 meses le dan un baño químico completo mientras lavan y planchan su ropa.

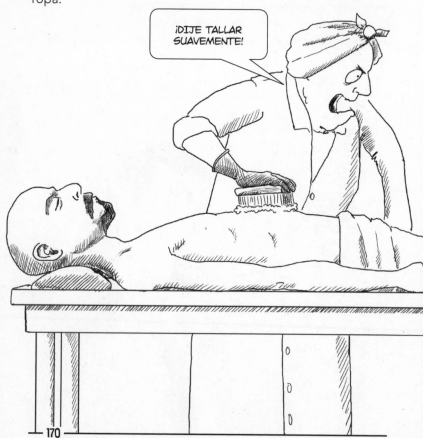

☠ El cuerpo del líder chino Mao Tse-tung se expone a menudo en una vitrina en su propio mausoleo en el centro de Beijing, la capital de China. Cuando no está allí, el cuerpo se mantiene fresco en un congelador bajo el mausoleo.

☠ Jeremy Bentham fue un destacado pensador británico. Su cuerpo muerto y conservado (menos la cabeza, que fue reemplazada por una de cera) está vestido de traje, y se sienta en una silla en un gabinete especial en el University College de Londres. Su cabeza momificada se mantiene guardada en una caja especial dentro de la Universidad.

MÁS MUERTES TONTAS

☠ Durante un combate en el océano Ártico en 1942, el crucero *HMS Trinidad*, de la Marina Real, disparó un torpedo defectuoso. El arma hizo un círculo y regresó para atacar la nave, matando a 32 personas.

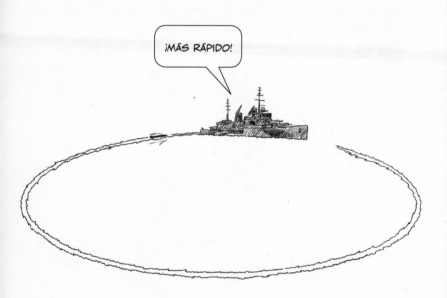

☠ Carlos VIII de Francia tenía prisa por llegar a un partido de tenis real (jugado bajo techo), cuando se golpeó la cabeza contra una puerta de piedra. Murió pocas horas más tarde.

☠ Allan Pinkerton, fundador de la famosa Agencia de Detectives Pinkerton en EE. UU., murió en 1884 después de morderse la lengua. Sin tratamiento, la herida se infectó y murió de gangrena pocas semanas después.

☠ Yusuf Ismail fue un famoso luchador turco que recorrió Europa y Estados Unidos. Murió en 1898, cuando el barco en el que viajaba, el *SS La Bourgogne*, se hundió. Se dice que, después de ayudar a mujeres y niños a abandonar el barco, Ismail se ahogó porque estaba lastrado por su gran cinturón de dinero, el cual estaba lleno de monedas pesadas: el dinero de su premio de lucha libre.

☠ Zishe (Sigmund) Breitbart, hombre fuerte de un famoso circo, sobrevivió a que rompieran rocas con martillos sobre su pecho durante su acto. Murió en 1925 después de otra proeza, cuando mostró que podía pasar una puya de hierro a través de cinco tablas de roble de 2.5 cm de espesor usando sólo sus manos. Ése no fue el problema: accidentalmente perforó su rodilla con la púa oxidada y, como resultado, murió ocho semanas después por envenenamiento de sangre.

FINALES FANTÁSTICOS

Corales colorados

Una compañía estadounidense fabrica arrecifes de coral artificiales que contienen cenizas de personas muertas. Las "bolas de arrecife", que es su nombre, se colocan en el lecho marino, donde crecen sobre ellas corales y otras formas de vida marina.

Muerte verde

Los entierros ecológicos son muy populares actualmente. El cuerpo se coloca dentro de un ataúd hecho de cartón o algún otro material que se descomponga con facilidad y sin dañar la tierra. Las áreas boscosas se usan para esos entierros, creando lugares hermosos y naturales donde florece la vida silvestre.

Congelado intensivo

La "suspensión criogénica" es la preservación del cerebro de una persona, o su cuerpo entero, a bajas temperaturas (alrededor de -196 °C). La esperanza es que en el futuro, los avances médicos podrán revivirlos y tratar la causa de la muerte. No se sabe si esto va a funcionar, pero algunas personas adineradas creen que vale la pena el riesgo, aunque es muy caro.

El hombre en la Luna

Sólo una persona descansa sobre la Luna: el doctor Eugene Shoemaker, uno de los astrónomos que descubrieron el cometa Shoemaker-Levy 9. Murió en 1997, y al año siguiente algunas de sus cenizas viajaron en la sonda espacial no tripulada *Lunar Prospector*. La misión de la sonda terminó en 1999, cuando se estrelló deliberadamente contra un cráter cerca del polo sur de la Luna. El lugar fue rebautizado en su honor como "Cráter Shoemaker".

El alpinismo es un pasatiempo peligroso, y muchos montañistas encuentran su descanso final en lugares altos y remotos. Hay por lo menos 120 cadáveres en las laderas del monte Everest, en la "zona de la muerte": la parte superior de la montaña, que se eleva 8 000 m sobre el nivel del mar. Los cuerpos se conservan debido a las temperaturas heladas y permanecen congelados donde cayeron muchos años atrás.

MÉDICOS MORTALES

En el pasado, algunos métodos médicos hacían que ir al doctor fuera particularmente peligroso.

¡Ventila tus ideas!

En algunas civilizaciones antiguas, el dolor de cabeza era a veces tratado dándote otro aún peor. La "trepanación" es la práctica médica de agujerar el cráneo de un paciente.

En la actualidad, los médicos saben que aliviar la presión después de una lesión en la cabeza puede ser una buena idea, pero hace mucho tiempo la operación se realizaba con herramientas rudimentarias y sin analgésicos para quitar el dolor. Muchos pacientes deben de haber muerto; lo sorprendente es que algunos no. Se han encontrado cráneos en los que las heridas habían comenzado a sanar.

Exangües

Por más de 3 000 años, los doctores pensaron que los pacientes podrían mejorar al perder sangre. Las sangrías, como eran conocidas, se hacían cortando una vena con un cuchillo. Existía el peligro de que la herida se infectara; después de varias sesiones, algunos pacientes perdían tanta sangre que morían de todos modos.

Sueño eterno

Antes del siglo XIX, no existía ninguna anestesia general para dejar a los pacientes inconscientes antes de una operación. Se utilizaban remedios para dormir, pero la mayoría no funcionaban bien y algunos eran realmente mortales. Una receta de un monasterio italiano del año 800 incluye jugo de lechuga, jugo de mora, hiedra, opio, beleño y cicuta. ¡Esas tres últimas plantas son venenos mortales!

¡APLASTADO!

¿A DÓNDE CREEN QUE VAN CON MI TAPETE?

Después de atacar la ciudad de Bagdad (hoy Iraq) en 1258, el líder mongol Hulagu Khan (nieto del caudillo Ghengis Khan) capturó al gobernante de la ciudad. Enrolló a su prisionero en un gran tapete; luego lo cargaron hasta el campo y fue aplastado por caballos hasta morir.

MALA, GACHA Y MALGACHE

Después de la muerte de su esposo Radama I en 1828, la reina Ranavalona I de Madagascar tomó el poder. Empezó por ejecutar a todos sus rivales potenciales, como la madre, la hija y el sobrino de su marido muerto. Ejecutó a algunos isleños que practicaban el cristianismo e introdujo muchos nuevos y duros castigos para los delitos. Éstos incluían marcar con hierros candentes a los infractores y hacerlos comer los frutos venenosos del arbusto de tangena.

Fue un alivio para sus súbditos cuando finalmente murió en 1861.

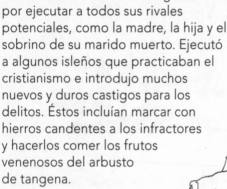

SANGRONES

Un médico escocés llamado John Glaister (1892-1971) pensó que se podía aprender más de las manchas de sangre si se agrupaban y describían. Sugirió seis tipos diferentes de manchas, que podrían ayudar a los investigadores a obtener más información sobre cómo habían ocurrido las muertes.

☠ Gotas sobre una superficie horizontal, como una mesa o el piso.

☠ Salpicaduras de sangre volando por el aire y que caen sobre una superficie en ángulo.

☠ Charcos alrededor del cuerpo.

☠ Manchones dejados por una persona sangrante en movimiento.

☠ Chorros de un vaso sanguíneo importante.

☠ Rastros de sangre por cargar o arrastrar un cuerpo.

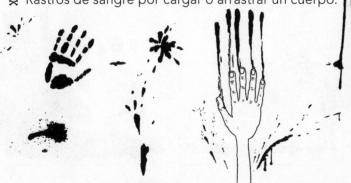

INUNDACIONES FATALES

¡Cerveza!

La inundación de cerveza en Londres en 1814 podría sonar como algo divertido para los adultos, pero cuando estallaron los contenedores de una cervecería en Tottenham Court Road, más de un millón de litros de cerveza inundaron las calles, matando por lo menos a nueve personas.

¡Melaza!

La gran inundación de melaza en Boston se produjo en 1919. Enormes olas de melaza (un jarabe espeso, oscuro y azucarado) fluyeron a más de 50 km/h después de que un depósito gigante se rompiera. Unas 21 personas tuvieron un final muy pegajoso.

CUERPOS HIRVIENTES

En 1531, el rey Enrique VIII de Inglaterra hizo que hervir en agua a la gente se convirtiera en el castigo por envenenamiento. El cocinero del obispo de Rochester, que envenenó a dos personas, fue hervido a muerte al año siguiente. La última ejecutada por ebullición en Gran Bretaña fue una doncella llamada Margaret Davey en 1542.

Los falsificadores de monedas en la ciudad holandesa de Deventer en el siglo xv eran candidatos a ser hervidos vivos en aceite en una gran caldera de cobre. La caldera aún está en exhibición en la ciudad.

No todos los huéspedes que se registraron en el Ostrich Inn en el siglo xvii salieron vivos. El dueño del hotel en Colnbrook, justo al oeste de Londres, instaló una trampilla en la mejor habitación. La trampilla dejaba caer a un invitado en un caldero de agua hirviendo en las cocinas de abajo, lo que permitía al posadero robar todas sus pertenencias.

ASESINATO MISTERIOSO #4

El incidente del paso Dyatlov

En 1959, un grupo de rescate en busca de nueve esquiadores desaparecidos en la montaña rusa Kholt Syakhl encontró una escena espeluznante.

Todos los excursionistas estaban muertos, algunos golpeados, con cráneos fracturados y costillas rotas, mientras que otros estaban sólo en ropa interior a pesar del intenso frío.

Había grandes rastros de radiación en algunas de sus ropas, y uno de los cadáveres no tenía lengua.

El informe oficial dijo que sus muertes fueron causadas por "una irresistible fuerza desconocida". ¿Extraterrestres? ¿Animales salvajes? ¿Un experimento atómico secreto? Hasta la fecha, no se sabe.

SE BUSCA... SE PRESUME MUERTO

A veces, las personas desaparecen sin dejar rastro y nunca se encuentra su cadáver. Aquí están algunas de las desapariciones más misteriosas.

☠ El famoso explorador Percy Fawcett y su expedición desaparecieron en 1925, mientras buscaban una legendaria ciudad en las selvas tropicales de Brasil. Más de un centenar de personas ha muerto buscando a Fawcett y su equipo.

BUENO, SEGUIMOS LA EXPEDICIÓN DE FAWCETT HASTA AQUÍ. ¿Y AHORA?

☠ Amelia Earhart fue una famosa piloto que desapareció en 1937 sobre el océano Pacífico mientras volaba su avión *Lockheed Electra*. No se ha recuperado ningún rastro del avión ni de ella.

☠ El primer ministro australiano Harold Holt era un buen nadador, pero desapareció de Cheviot Beach, Australia, en 1967. Su cuerpo nunca fue encontrado.

☠ Richard Bingham, séptimo conde de Lucan, conocido como Lord Lucan, desapareció en 1974 después de que la niñera de sus hijos fue encontrada muerta en su casa en Londres, Inglaterra.

LAS CARAS DE LA MUERTE

Las mascarillas mortuorias se obtienen al moldear cera o yeso sobre la cara de una persona muerta. Se pueden utilizar para hacer estatuas o más copias de la máscara.

Rostros famosos

La mascarilla de Oliver Cromwell está en exhibición en el Castillo de Warwick, Inglaterra, y la de Napoleón Bonaparte puede verse en el Museo Británico en Londres. Del otro lado del Atlántico puedes ver la mascarilla del jefe nativo americano Toro Sentado en el Museo de West Point, en el estado de Nueva York.

Oliver Cromwell

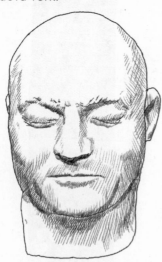

Ned Kelly

Otros personajes famosos que han tenido mascarillas mortuorias son el director de suspenso Alfred Hitchcock, el presidente Abraham Lincoln, el compositor Ludwig van Beethoven y dos criminales infames: el australiano Ned Kelly, y el ladrón de bancos estadounidense John Dillinger.

Antes del Museo...

Ahora pensamos en Madame Tussaud como una cadena de museos de cera, pero fue una persona real. Nació en 1761, se involucró en la Revolución Francesa y fue condenada a muerte; la liberaron con la condición de que hiciera mascarillas de cera de ejecutados, entre ellos el rey Luis XVI y su esposa, la reina María Antonieta. El trabajo de Tussaud era buscar entre montones de partes humanas para encontrar las cabezas correctas.

¿POR QUÉ SIEMPRE QUIEREN LA DEL FONDO?

FUNERAL DE UNA MOSCA

El antiguo poeta romano Virgilio (también conocido como Publio Virgilio Marón) ofreció un espléndido funeral para una mosca que, según decía, era su mascota. Le pagó a una orquesta completa para que tocara en el entierro del insecto en los jardines que rodeaban la villa. ¿Estaba loco? No, era muy inteligente. Bajo las leyes romanas, las tierras usadas como cementerios no tenían que pagar grandes impuestos al gobierno.

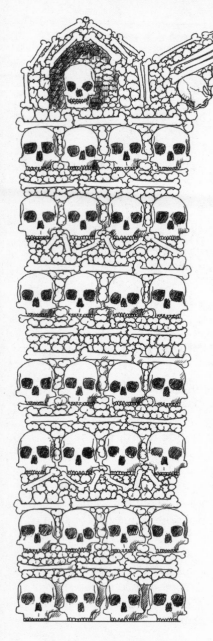

OSARIOS INFAMES

Un "osario" es un lugar donde se guardan huesos. Aquí están cinco osarios extraordinarios.

1. La Capela dos Ossos es una capilla en Évora, Portugal. El interior está decorado con los cráneos y huesos de unos 5 000 muertos, en su mayoría monjes.

2. La Capilla del Cráneo en Czermna, Polonia, contiene en sus paredes los cráneos de unos 3 000 muertos, con cientos de tibias haciendo de techo. Y eso no es todo. En el sótano bajo la capilla pequeña pueden encontrarse otros 21 000 cráneos humanos.

3. En la localidad española de Wamba, la Iglesia de Santa María contiene unos 1 000 cráneos de personas del lugar que murieron entre los siglos XII y XVIII.

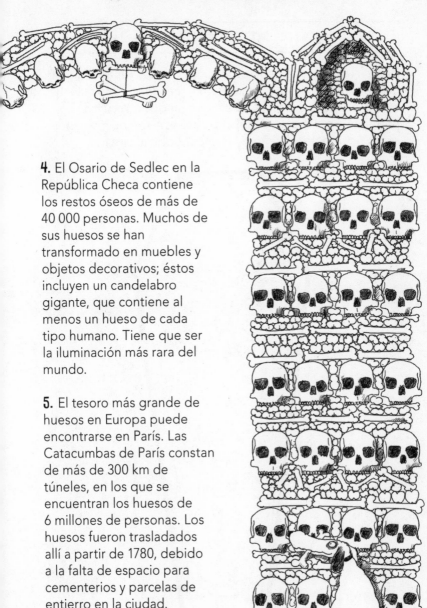

4. El Osario de Sedlec en la República Checa contiene los restos óseos de más de 40 000 personas. Muchos de sus huesos se han transformado en muebles y objetos decorativos; éstos incluyen un candelabro gigante, que contiene al menos un hueso de cada tipo humano. Tiene que ser la iluminación más rara del mundo.

5. El tesoro más grande de huesos en Europa puede encontrarse en París. Las Catacumbas de París constan de más de 300 km de túneles, en los que se encuentran los huesos de 6 millones de personas. Los huesos fueron trasladados allí a partir de 1780, debido a la falta de espacio para cementerios y parcelas de entierro en la ciudad.

MITO MORTAL

Algunas personas dicen que las uñas de pies y manos siguen creciendo después de la muerte. En realidad, no es así. El cuerpo se deshidrata y se encoge un poco; las uñas permanecen del mismo tamaño, pero la carne de los dedos se reduce y parece como si las uñas hubieran crecido.

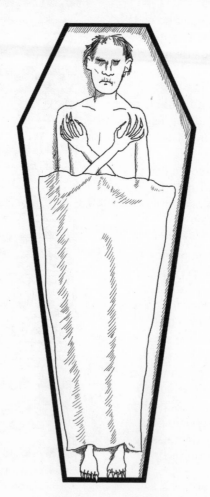

ASESINATO MISTERIOSO #5

Barco fantasma

El *Mary Celeste*, un velero estadounidense, fue encontrado flotando en el océano Atlántico, entre Portugal y las Islas Azores, en 1872. Su carga de 1 700 barriles de alcohol estaba completa, al igual que los objetos de valor, ropa y otras posesiones de la tripulación. Pero los tripulantes, los pasajeros y el experimentado capitán del barco, Benjamin Spooner Briggs, habían desaparecido. La tripulación no había abandonado el barco por falta de alimentos o agua, pues a bordo había suministros para seis meses. Y con la carga y los objetos intactos, un ataque pirata parecía fuera de lugar.

Entonces, ¿qué pasó? ¿Se llevaron a la tripulación y a los pasajeros para asesinarlos? Hasta hoy, nadie lo sabe con certeza.

FUNERALES FASCINANTES

Algunas culturas manejan la muerte de formas interesantes e inusuales. Sigue leyendo para descubrir más.

☠ El pueblo Toraja, que vive en la isla indonesia de Sulawesi, mata búfalos de agua cuando una persona muere. Entre más importante haya sido la persona, más tiempo dura el funeral y se sacrifican más animales.

☠ En el pasado, los Toraja solían enterrar a los bebés que morían dentro de troncos de árboles vivos, pues creían que el niño podía seguir creciendo con el árbol.

☠ Los Bo del suroeste de China usaban ataúdes para guardar cadáveres, pero luego los colgaban a la orilla de un acantilado. Los ataúdes se quedaban allí mientras duraran los cables utilizados para bajarlos.

☠ En el Tíbet, algunos budistas siguen practicando el jhator, "entierro del cielo". El cuerpo de una persona muerta se deja a la intemperie por varios días; después se limpia y se corta en piezas para que lo coman las criaturas salvajes.

☠ Los zoroastrianos son seguidores de una religión que comenzó en el antiguo Irán hace unos 3 500 años. Ellos creen que cuando un cuerpo muere está sucio, así que lo colocan en una estructura llamada dokhma, o "Torre del silencio", al aire libre. Allí el cuerpo, expuesto al sol, es devorado por aves de rapiña.

☠ En el pasado, cuando morían hombres hindúes, sus esposas llevaban a cabo el sati. Cuando el cuerpo del marido era quemado en una pira funeraria, la esposa se unía y podía ser quemada viva. El sati nunca fue una práctica muy extendida y se volvió ilegal en 1829, aunque ha habido algunos casos desde entonces.

☠ Muchos pueblos mayas de Centroamérica enterraban a sus parientes bajo sus casas, junto con sus herramientas y objetos favoritos. La gente a menudo era enterrada con maíz en la boca, como alimento para su "vida" después de la muerte.

PROBLEMAS QUEMANTES

La cremación es una forma muy común de manejar cadáveres. Un cuerpo se coloca en un horno especial que se calienta a temperaturas muy altas. Los más calientes alcanzan hasta 1 093 °C, suficiente para fundir cobre.

Una cremación típica reduce a un hombre adulto a unos 2.7 kg de "cenizas" (restos cremados), y a una mujer, aproximadamente a 1.8 kg. Ser cremado no es opción si eres musulmán o judío ortodoxo, aunque es popular entre otros pueblos: en Japón, alrededor de 99% de las personas eligen la cremación.

LA GRANJA DE CUERPOS

La granja de cuerpos original se estableció como un departamento de la Universidad de Tennessee en la década de 1980. Rodeado por tela de alambre, un montón de cuerpos quedan en diferentes condiciones y se estudian para ver cómo se descomponen, lo que proporciona información útil para las personas que investigan muertes, tales como agentes de la policía y patólogos forenses (que examinan cadáveres para tratar de averiguar cómo murieron). Las personas que desean que sus cuerpos sirvan para este fin después de morir rellenan formularios para dar su permiso.

¡SACRIFICIO!

En el pasado, gente de todas las edades ha muerto como sacrificio para los dioses o espíritus. Los sacrificios se realizaban por muchas razones, por ejemplo, para pedir una buena cosecha o la victoria en una batalla próxima. Si necesitas darle un valioso regalo a un dios, ¿qué podría ser más precioso que la vida humana?

¡REGRESA! ¡ES UN GRAN HONOR!

☠ Los nativos americanos Pawnee sacrificaban a veces a una joven durante su ceremonia de la Estrella de la Mañana, en primavera. Le daban en el corazón con una flecha especial y la golpeaban en la cabeza durante la ceremonia.

☠ En los siglos XVII y XVIII, el reino de Dahomey en África occidental celebraba ceremonias anuales para recordar a sus antiguos reyes. Durante las largas celebraciones se sacrificaba a esclavos y enemigos capturados en batalla.

☠ Los aztecas temían a su dios Tláloc, a quien creían responsable de las lluvias, inundaciones, sequías y relámpagos; sacrificaban niños para complacerlo. También sacrificaban personas para asegurarse de que el sol saliera cada mañana y para celebrar la construcción de un nuevo templo. A veces un sacerdote arrancaba el corazón de la víctima aún latiendo y lo sostenía hacia el cielo.

ARRÁNCATE LA NARIZ

Durante el siglo XVI, Japón invadió Corea del Sur, provocando una guerra brutal. Los jefes militares japoneses solían regresar con cabezas cortadas o partes de las caras de sus enemigos como prueba de su éxito. En 1983, se descubrió en Japón una tumba que contenía unas 20 000 narices de coreanos muertos en la invasión. En 1992, las narices fueron devueltas a Corea, donde las incineraron.

DEIDADES MORTALES

He aquí una colección de dioses y otras figuras sobrenaturales relacionadas con la muerte según diferentes religiones y culturas alrededor del mundo.

Santa Muerte, México
Un esqueleto humano; usualmente lleva un globo y un arma curvada de nombre guadaña.

Asto Vidatu, Persia
Un demonio de la muerte que persigue almas con una soga.

Banshee, Irlanda
Un hada o espíritu que se aparece y grita cuando alguien está próximo a morir en la familia.

Cerbero, antigua Grecia y Roma
Un perro de tres cabezas que vigila las puertas del Inframundo (Hades), adonde van las almas de los muertos.

Hine-nui-te-po, Nueva Zelanda y Polinesia
La diosa de la muerte, de la noche y la oscuridad, reina del inframundo.

Anubis, antiguo Egipto

Una figura con dos piernas y la cabeza de un chacal, que es el dios de la gente momificada y acompaña a sus almas en el viaje al más allá.

Yama, India

El dios hindú de la guerra; usualmente se representa verde, con ojos rojos y montado en un búfalo negro. Evalúa las acciones buenas y malas de una persona durante su vida.

La Muerte, Europa

Una figura con capa que lleva una guadaña y un reloj de arena para mostrarte que se te acaba el tiempo.

MUERTE EN EL VIEJO OESTE

Era conocido como la tierra de los vaqueros, forajidos y pistoleros, así que no es de sorprender que el Salvaje Oeste en Estados Unidos fuera un lugar de muerte.

☠ John Wesley Hardin fue un notable pistolero que mató entre 27 y 42 hombres antes de ser enviado a la cárcel. Con el tiempo, le dispararon y murió en 1895 a manos de otro pistolero, John Selman, mientras jugaba a los dados en la Cantina Acme, en El Paso, Texas.

☠ Mientras jugaba al póker en un bar en Deadwood, Dakota del Sur, el famoso pistolero James "Wild Bill" Hickok fue baleado por detrás por Jack McCall. Al caer, las cartas que tenía en la mano eran el as de tréboles, el de espadas y un par de ochos. Esto se conoce hoy en día como la "mano del muerto".

☠ En 1891, un infame tiroteo estalló cerca del OK Corral en el pueblo minero de Tombstone, Arizona. Duró menos de un minuto, pero los hermanos Wyatt, Virgil y Morgan Earp, y su amigo, el pistolero Doc Holliday, mataron a tres hombres. Fueron enterrados en el cementerio de Boot Hill, llamado así porque muchos de los allí enterrados tuvieron muertes repentinas, violentas... con las botas puestas.

☠ No todos los pistoleros famosos murieron a manos de otros. William Sidney Light, un ex ayudante del sheriff convertido en criminal, se disparó accidentalmente al subir a un tren en 1893. Apretó el gatillo de la pistola que traía en el bolsillo por error, haciendo un gran agujero en su pierna. Murió poco después por pérdida masiva de sangre.

☠ George Parrot, también conocido como George el Narizón, fue proscrito de Wyoming. Lo detuvieron y ejecutaron por el asesinato de dos agentes de la ley, pero su historia no termina ahí. El doctor que examinó su cadáver después de la ejecución le quitó la piel y la convirtió en un par de zapatos, que usó por varios años. ¡Ese calzado sí es terrorífico!

FANTASMAS ESPANTOSOS

Nadie ha comprobado que existan los fantasmas, pero mucha gente cree que los espíritus de los muertos pueden aparecerse ante los vivos.

NO HAY PROBLEMA, TOMARÉ EL SIGUIENTE.

En los mejores lugares

La mayoría de los fantasmas son vistos en sitios donde ocurrió un accidente trágico. Se dice que las 13 personas que murieron en un elevador durante un incendio en el Edificio Joelma, en São Paulo, Brasil, en 1974, siguen asustando hasta hoy.

Un barco espeluznante

Uno de los lugares más embrujados en EE. UU. es el crucero jubilado *Queen Mary*. Se ha visto a diferentes fantasmas en la nave. Éstos incluyen a una niña ahogada en una de las piscinas y a un joven marinero que fue aplastado y murió en el cuarto de máquinas número 13.

Tal vez sea un *poltergeist*

El primer *poltergeist* (una fuerza o fantasma invisible que mueve objetos y hace ruidos) fue documentado en 856 en Alemania. Se dice que golpeaba paredes, encendía fuego y lanzaba piedras.

¿QUIÉN FUE?

Asidua visitante

Se cree que el fantasma de una de las esposas de
Enrique VIII, Ana Bolena, tiene el récord de más
avistamientos: unos 30 000 desde su ejecución en 1536.

DIEZ INDICADORES DE UNA CASA EMBRUJADA

Algunas personas creen que los muertos pueden visitar a los vivos, y creen que hay señales a buscar. Otros, por supuesto, creen que hay explicaciones para todas ellas.

1. Radios y televisores que se encienden o luces que parpadean.

2. Sensación de ser tocado por algo invisible.

3. Llaves de agua que se abren y se cierran solas.

4. Frío repentino en una habitación (se dice que los fantasmas toman energía de su entorno).

5. Olores inexplicables que aparecen en una habitación, como un perfume que nadie usa en la casa.

6. Mascotas que actúan de manera extraña, como gatos que sisean hacia espacios que parecen vacíos, o perros que se niegan a entrar en alguna habitación.

7. Sombras repentinas que rondan la habitación.

8. Puertas de gabinetes que se abren y se cierran solas.

9. Voces apagadas, gritos u otros sonidos inexplicables.

10. Objetos que se levantan solos de las mesas.

DEFINICIONES TERRIBLEMENTE MORTALES

ADN. Una serie de instrucciones que se encuentran en todos los organismos vivos y les indican cómo funcionar.

Amputar. Cortar o separar un miembro herido o infectado del resto del cuerpo.

Asesinato. Matar a alguien deliberadamente.

Bubones. Bultos inflamados y dolorosos alrededor de las axilas e ingles; síntoma de la peste bubónica.

Cadáver. Cuerpo de un muerto.

Catacumba. Cementerio subterráneo.

Cementerio. Lugar adonde llevan los cuerpos para enterrar.

Cremación. El proceso de quemar un cadáver hasta las cenizas.

Descomposición. La desintegración de un cuerpo después de la muerte; usualmente causa mal olor.

Difunto. Muerto.

Ejecución. Acto de dar muerte a alguien legalmente como forma de castigo.

Epidemia. Una enfermedad o infección generalizada.

Exhumar. Desenterrar un cadáver.

Gangrena. Lo que ocurre cuando el tejido en el cuerpo muere por falta de circulación sanguínea.

Legar. Dejar algo a alguien en un testamento.

Luto. Sufrimiento por alguien que murió recientemente.

Magnicida. Alguien que mata a una persona importante en un ataque sorpresivo.

Mazo. Un gran martillo con picos en el extremo y usado como arma.

Patólogo forense. Alguien que examina cadáveres para descubrir cómo murieron.

Pena de muerte. Ejecución de alguien condenado a muerte.

Pira funeraria. Una pila de madera u otro material inflamable, sobre la cual se coloca un cuerpo y se le prende fuego como parte de un rito fúnebre.

Sacrificio. Una persona o animal que da su vida a cambio de otra cosa.

Soga. Un nudo de cuerda alrededor del cuello de alguien que será colgado.

Suicidio. Forma deliberada de quitarte la vida.

ÍNDICE TEMÁTICO